# 湛庐CHEERS

与最聪明的人共同进化

HERE COMES EVERYBODY

# 通俗经济学鼻祖

THE FOUNDER OF POPULAR ECONOMICS

# Robert H. Frank

## 从都铎家族弃子到常春藤名校教授

1945 年，罗伯特·弗兰克出生在美国佛罗里达州的科勒尔盖布尔斯。他的生父是一名飞行员，生母来自科德角的一个显赫家族，外祖父的祖父是被称为“冰王”的弗雷德里克·都铎（Frederic Tudor）——19 世纪新英格兰最富有的人之一，其本人的大幅油画肖像就挂在哈佛大学的贝克图书馆里。然而，因为生父早在家乡与别人订婚，无法与他的生母结婚，弗兰克一出生就被送给两位按摩师收养。他小时候的生活并不富裕，他曾经为了赚钱在酒吧擦过皮鞋，在黎明前送过报纸。虽然弗兰克的生活看似不如他的表兄妹幸福——他们很小就知道自己长大后会获得一笔数目不菲的信托基金，但这段经历令他明白，如果想要某件特别的东西，就要凭借一己之力去赚取，能否克服一切困难争取自己想要的东西，对一个人的成长来说非常重要。

1971 年，读经济学博士研究生的第四年，弗兰克到新奥尔良美国经济协会的年度会议上寻找工作。那几天他恰巧生病了，挺着 40 度的高烧参加面试却依然得到了三所高校的青睐，最终他选择了常春藤名校康奈尔大学。

THE FOUNDER OF POPULAR ECONOMICS

## 全世界最受欢迎的经济学教材作者

参加工作的前三年，弗兰克的生活并不顺利，他离了婚，要一个人照顾两个未成年儿子，基本没有精力和心思投入学术研究。但第四年成为一个重要的转折点，他与成功的政策经济学家内德·格拉姆利克（Ned Gramlich）成了朋友。内德发现，弗兰克关于劳动力市场的一些想法很耐人寻味，于是鼓励他写一篇论文。弗兰克写完后将这篇论文投给了经济学领域最负盛名、择稿最严格的《计量经济学》（*Econometrica*）杂志，不到两个月就收到了用稿信。随后，他对这一主题进行延伸扩展，又完成三篇论文并投给了杂志社，很快就收到《美国经济评论》（*American Economic Review*）、《政治经济学杂志》（*Journal of Political Economy*）以及《经济学与统计学评论》（*Review of Economics* and Statistics）的用稿信——这些刊物的论文投稿选用率都是不到10%的。

随后，弗兰克发表了大量学术论文，撰写了多本经济学著作，其中与美联储主席本·伯南克（Ben Bernanke）合著的《宏观经济学原理》和《微观经济学原理》成为“全世界最受欢迎的经济学教材”之一。

## 让经济学变得妙趣横生的博物经济学家

除了在研究领域的骄人成果外，弗兰克在教育领域也成就非凡，被誉为“全美最有趣的经济学课堂主讲教授”。他开设的微观经济学入门课程每年都会吸引 6 000 多名学生，他们通过这门课程体会到了学习经济学的乐趣。

通过与学生问答的方式，弗兰克收集了大量生活中的经济学问题。经过二十多年的收集和整理，他完成了《牛奶可乐经济学》一书。不同于传统经济学著作中充斥着艰涩的数学公式，这本书通过一个个妙趣横生的生活事例，将经济学化繁复为精妙。该书在中国一经出版，就成为经济学类第一畅销书。随后，他又出版了《牛奶可乐经济学 2》《牛奶可乐经济学 3》等作品。

《华盛顿邮报》这样评价他：弗兰克不是一位学术型经济学家，他主张经济学应该是一门根植于经验和观察的社会科学，而不是以数学为核心的硬科学。他所著的《牛奶可乐经济学》把经济学从数学中解放了出来，并为其在人们的日常生活中生根发芽提供了无限的能量。

## 弗兰克系列作品

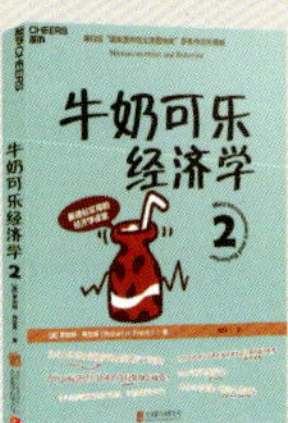

The Economic Naturalist's Field Guide

# 牛奶可乐经济学3

The Economic Naturalist's Field Guide

[美] 罗伯特·弗兰克（Robert H. Frank）◎ 著

闾佳 ◎ 译

北京联合出版公司
Beijing United Publishing Co.,Ltd.

# 欢迎进入经济学的游乐园

何 帆
北京大学汇丰商学院经济学教授
中国人民大学重阳金融研究院高级研究员

我猜想你是为了学习经济学才买了这本《牛奶可乐经济学》。经济学是社会科学中的明珠，经济学的影响已经渗透到了很多其他的学科，有些不服气的人称之为“经济学帝国主义”。著名经济学家凯恩斯曾经说过，“危险的东西不是既得利益，而是思想”，因为统治者自以为不受任何学理的影响，其实不过是过去的某个经济学家的俘虏。

既然经济学这么重要，那么，我们该怎样学习经济学呢?

很多学生是在课堂上学习经济学的。这叫“黑板上的经济学”。你从黑板上学来的经济学，充满了图表、公式、专业术语。学完经济学，没有学懂的学生们会觉得经济学枯燥无味、不知所云；自以为学懂的学生们会以为整个世界都是为经济学而创造的，而他掌握了全部的真理。

这样的经济学，学了还不如不学。

《牛奶可乐经济学》的作者、康奈尔大学的罗伯特·弗兰克教授却不是这样教授经济学的。他的经济学课总是堂堂爆满，教室里常常发出一阵阵大笑。弗兰克是怎样让学生爱上经济学的呢？

他主张，经济学应该是基于经验和观察的学科，而不是以数学为核心的科学。他给学生布置了一项作业：利用经济学原理，探讨你亲身观察到的事件或行为模式中的有趣问题。具体的要求是：文章的字数不能太长，不要超过 500 字。不许用公式、图表和专业术语。假设你就是在给一个从来没有学过经济学的朋友讲故事，而且要让他听懂。

《牛奶可乐经济学》里充满了这些睿智、有趣的小故事。比如，为什么这本书译为《牛奶可乐经济学》呢，就是因为书中讲到了一个故事：为什么牛奶装在方盒子里卖，而可乐却装在圆瓶子里卖？

第一种解释是，你买了可乐，就会撬开瓶盖，对着瓶口，一饮而尽，这样爽得很。而且圆形的瓶子更称手。但你买了牛奶，却不会直接就着盒子喝，你会把它倒进杯子里喝。这个解释未必能让大家信服，要是牛奶也做成圆瓶子，说不定我们也会改变消费习惯，直接就着牛奶瓶子喝。

第二种解释是，要考虑成本收益分析。方形的容器能够节约货架成本。大部分可乐是放在开放式货架上的，因为可乐的保质期更长。冰柜里可能放几瓶可乐，那是为了吸引想要马上就喝的心急的顾客。开放式货架便宜，也不需要太多的运营成本，所以即使圆形的瓶子浪费了一些空间也无所谓。牛奶需要放在冰柜里，不然很快就会变质，冰柜的储存空间相当宝贵，方形盒子提高了装牛奶的效益。

经济学里最重要的原理就是成本收益分析。你看，用这么一个小小的例子，一定能让你理解并记住成本收益分析的重要性。

为什么弗兰克的这种教学方法比“黑板上的经济学”更可取呢？因为讲故事更符合我们人类的认知模式。人类在漫长的进化过程中变成了一种非常擅长讲故事的物种。在原始部落里，天黑之后，大家围着篝火，听部落里的老人讲各种神奇的故事。相比之下，人类很难处理公式和图表，也不擅长逻辑推理，但人天生就是讲故事、听故事的高手。

你可以观察一下儿童的学习，他们一定会把要学的东西、要记的东西编成故事。没有故事，就没有意义，孩子们就很难理解并记住。不要说是孩子，就是成年人、领导者，在判断和决策的时候，依靠得更多的都是故事，而不是理论。一个好的故事，胜过 1 000 个好的理论。

在讲故事的过程中，人们能够更自然地代入，设身处地地去思考在特定的情景下该如何选择。好的故事会提供深浅不一的寓意，听故事的人能像剥笋一样，一层层剥开，一层层体会。

在《牛奶可乐经济学》里，还有许许多多这样的故事。比如：为什么酒吧里不值钱的水要收费，要一碟花生米却免费？为什么女模特的收入高于男模特？为什么鲸鱼濒于灭绝，鸡却不会？为什么几乎全新的二手车比新车便宜得多？为什么住在农村的人比住在城里的人早结婚？为什么经济学里有那么多数学公式？为什么律师总是西装革履，而教授却往往衣着邋遢？

你可能会觉得这都是刚进校门的大学新生们找到的一些无聊的小题目。弗兰克把提供答案的作者名字也公布了出来，细心观察，你会发现，像阿克洛夫、谢林这样的诺贝尔经济学奖得主的名字也在里面。

熟悉经济学的朋友可能会对以下这些问题更有印象：

- 按照经济学的逻辑，穷国的资本稀缺，物以稀为贵，所以穷国的资本回报率应该比富国更高，富国的资本应该流入穷国才对，但为什么穷国的钱反而流向了富国？
- 按照经济学的逻辑，劳动力丰富的国家应该集中出口劳动力密集型产品，而资本密集的国家应该集中出口资本密集型产品。美国是一个资本密集的国家，但为什么美国出口的劳动力密集型产品所占的比重很高？

- 你得到 10 块钱和失去 10 块钱，对你来说应该是对等的，毕竟，10 块钱永远是 10 块钱，但为什么人们更不愿意失去 10 块钱呢？比如，为什么很多股民会把赚钱的股票卖掉，而把赔钱的股票死死地捂在手里？
- 按照常识，人多力量大，那么消费者作为一个群体的力量应该最大，但为什么我们会看到买家没有卖家精，买家和卖家说理，经常是卖家占了上风呢？

提出这些问题的经济学家分别是卢卡斯、列昂惕夫、卡尼曼和奥尔森。前三位都是诺贝尔经济学奖得主，后一位如果不是英年早逝，得奖的可能性也很大。

就像爱因斯坦所说的，提出问题比回答问题更重要。学习经济学最好的办法，不是从教科书里学习被别人咀嚼了很多遍的现成的定义、公理和公式，而是开启大脑的搜索模式，不断地发现新奇的问题，然后尝试给出一个能够说服自我，最好也能让别人信服的解释。《牛奶可乐经济学》里提出的问题都很有趣，但提供的答案并非都是标准答案，有的答案并不完美，亲爱的读者朋友，你不妨试试，看自己能不能挑出里面的瑕疵？

著名经济学家萨缪尔森在其流传甚广的《经济学》教科书里说："要领悟经济分析的优美结构，仅仅需要有逻辑感，和能够对于经济学这样的思维体系竟会对整个世界上亿万人具有生死攸关的意义感到惊奇。"他说得很好，但不全面，学习经济学，还要有孩童般的好奇心。

欢迎进入经济学的游乐园。

# 经济学的魅力

巴曙松
中国银行业协会首席经济学家
香港交易所首席中国经济学家

从我自己的实践体会与阅读经验看，经济学最大的魅力之一，在于其经世济用，对于现实经济有着强烈的参与感。因此，脱离现实状况而夸夸其谈的经济学，尽管显得高深，但是除了有更大的自娱价值之外，其实际的影响力可能有限。弗兰克的牛奶可乐经济学系列，之所以广受欢迎，就在于其深切立足于现实的经济运行，是我们可以从实践中感知、可以从经济运行中判断、可以从案例中借鉴和学习的经济学，是鲜活的经济学，是蕴含智慧灵动之美的经济学。

在经济金融相关课程和课题的教学和研究中，一直让我感到困惑的事情是，为什么读了四年经济学的本科学生，甚至已经拿到经济学硕士学位的学生，当用经济学的基本原理分析社会问题的时候往往显得不得要领、隔靴搔痒？为何一些经济学教科书上完美无瑕的政策却遭到大多数民众的反对？为何那些科班出身的学生往往只能把基本的经济学原理停留在书本上和课堂里？

人类社会发展至今，所取得的成就远远超过古人的想象。不管是惊人的巧合，还是历史的必然，社会生活的剧变恰恰发生在现代经济学诞生前后的最近两百年。经济学，这个在起步阶段还仅仅是伦理学一部分的边缘学科，被亚当·斯密“看不见的手”推向了历史的前沿，经济学占据的话语强势，已成为这个星球无法否认的事实。

经济学家到底能做什么？如果你觉得这个问题离你过于遥远，那我们不妨换个话题：经济学到底能做什么？关于这个问题的回答，有很多调侃，其中不少还来自经济学家自己。有的说，经济学的主要用处，是用于招考经济学家的考试；还有的说，学习经济学，并不能使你免于失业，但是可以让你站在失业队伍中时，能够解释自己为什么失业，是因为总需求不足，还是因为结构的调整。

弗兰克的这部著作，实际上也是从特定的角度，试图给予一个解释。也许这本著作的观点不一定非常深刻，事实上，全书用的都是经济学教科书里非常基本的原理；然而，我毫不怀疑弗兰克的客观立场和独特方法。全书连序言共十二部分。序言部分简要评价了经济学和经济学家们在当代社会中的尴尬地位，行为经济学诞生后带来的巨大作用以及本书的成书经过。第 1 章主要讲了纳税问题，着重评价了美国前总统小布什对富人减税的利弊得失。第 2 章主要讲了人类行为的动机，并重点分析了好人——利他主义者，为何能够在这个星球上生存，以及相应的监管问题。第 3 章探讨了与全人类都休戚相关的话题：幸福。第 4 章重点分析了人类社会的一大悲剧：群体性弱智，即个体明智的决策所带来的总结果却是弱智的。第 5 章关心的更是全人类的福祉——公共医疗。在第 6 章里，弗兰克通过分析我们日常生活中每天都要遇到的价格问题，展现了经济学的无穷魅力。第 7 章和第 5 章类似，都是探讨全人类的福祉，只是这一章的重点是能源和环境问题。第 8 章分析了当代社会“赢家通吃”的现象。第 9 章探讨了贫富差距扩大化的原因和结果。第 10 章着重论述了人们做出借贷、储蓄和投资等决策的深层次原因。在最后一章，弗兰克进一步反思了信息革命给人类带来的巨大影响。

本书的内容都是与我们日常生活高度相关的话题。阅读此书，不仅能学到很多非常重要的经济学理论，更关键的是通过学习弗兰克用理论分析现实的思路，从而实现“非仅一鱼，更得一渔”的效果。

同时，通过阅读这本书，也可以看到，我们完全不必因为经济学的专业术语而觉得它高深莫测；经济学的另外一个十分有趣的魅力，在于对一个重要问题的判断，往往并不因为资历的高低而决定对错，一个有良好现实感觉的年轻研究者，可能更能得出贴近现实的结论与判断，同时也更有专业价值。从这个意义上来说，打破神秘感，增强与现实的切入感，会给经济学的推广与普及带来十分积极的效果，同时也在更为广泛的意义上增进了人们对于现实经济的理解，从而做出更为理性的决策，增进人类的福祉。

# 最贴近生活的经济学课堂

1879年，后来成了美国经济学会第一任主席的弗朗西斯·沃尔克（Francis Amasa Walker）在一篇短文中试图解释："为什么普通人往往看经济学家不顺眼？"他说，这一定程度上是因为，经济学家忽视了"把一个人和他的职业、环境联系起来，并令其做出有违经济理论预测之行为的习俗和信仰"。

一个多世纪过后，普通公众继续以怀疑的眼光看待经济学家。我那些同行大多辩解说，这种态度至少部分源于我们在诸多重要公共政策问题上的观点乏人理解。这个说法还算公允。

比如，经济学家一般提倡拍卖空气污染权，批评家闻之则哀叹道："他们的良心简直是给大企业污染了。"这未免把规范企业行为的力量理解得过于天真了。

企业污染环境，并不是因为从弄脏空气跟水源中享受到了什么乐趣。它们那么做，只不过是因为干净的生产流程比肮脏的成本更高。强迫企业购买排污许可证，给了它们采用清洁生产流程的动机。为避免购买昂贵的许可证，企业定会使用相对廉价、清洁的生产方法。除非确实没有这种替代生产方法，企业才会被迫购买排污许可证。

拍卖排污权合情合理，因为它把缓解污染的重担放到了那些能以最低成本做到这一点的人手里。它将实现具体空气质量指标的总成本降到了最低限度。显而易见，是否能达到该指标，关系到无论贫富的所有人的利益。证据显示，人们对拍卖法越是理解，就越少对它提出异议。例如，尽管环境保护组织一度强烈反对拍卖排污许可权，现在却对它拥护有加。

但这类的误解并不是经济学家遭人白眼的主要原因。对经济学家的怀疑态度，至少还有其他三种重要来源。一是人类行为的传统模型强调狭隘的自身利益，使很多人过于见利忘义。自利诚然是一项重要的人类动机，但不是唯一的。比如，哪怕投票需要时间等成本，而且一张选票也起不了多大作用，可我们还是会参加总统选举；我们会给绝不会再度光顾的餐馆留下小费；会将丢失的钱包物归原主。只谈自利不仅显得刻薄，而且使得我们无法对人类行为的这一重要方面提出任何有趣的看法。

怀疑态度的第二个来源是，经济学的传统模型假设，消费者的决策是在与社会隔离的情况下做出的——尽管所有的证据都否定了这种意见。事实上，所有的评估都极大地取决于社会背景。例如，同一辆车，在 20 世纪 50 年代，大多数司机会觉得它加速灵敏，而在今天，大多数司机可能觉得它迟钝不堪。同样，一套 900 平方米的房子，在 20 世纪 80 年代对一个企业老总来说似乎大得不得了，而在今天有可能显得狭小了。还有，套装向来是求取者面试时的正确选择，这是与其他应聘者所穿服装相比得出的结论。

一旦我们承认，背景以上述方式影响着人的评估，我这一行里不少最受珍视的主张就该被抛弃。例如，传统模型说，理性人在权衡每周工作多少小时、花多少钱在不同商品上的时候，所得结果往往会促进整个社会的利益。可考虑到背景因素，情况并非如此。

就拿花多少钱买一套面试用的套装来说吧。实验证明，要是一名求职者穿得比其他人更得体，他就更容易被录用。这就为多花钱买套装创造了显而易见的动机。然而，倘若所有的求职者都将置装费提高 3 倍，同一份工作还是会落入先前那名求职者手里。在这样的情况下，如果人人都减少置装费，而多花点钱购买预防疾病用的药物，或者买辆更安全的汽车，恐怕结果会更好。

对经济学家持怀疑态度的第三个来源在于，我们的传统假设认为，人在进行选择的时候是理性的，不带感情的。和前述“背景不重要”的假设一样，这一假设同样认为，倘若人们不受限制地自由交易，社会将获得有益结果。比如，要是一个信用记录糟糕的人向放贷人借 500 美元，答应两个星期归还，年息 1 000%，标准经济模型会坚持说，倘若国家阻止这一交易，借贷双方都会受到损害。

然而，有史以来，大多数社会都认为，最好是禁止这类放贷契约，因为人们并不像传统经济模型里假设的那样理性和冷静。人们经常对未来发生的成本和收益权衡不足，错误地认为借钱的好处大过了偿还的成本。这就是反高利贷法的基本立足点。它斩钉截铁地禁止互助性交易——至少禁止了一部分。很少有哪个社会听从经济学家的建议废除反高利贷法的。从不少人无法权衡当前收益和将来成本这方面看，下令禁止高利贷并非难以理解。

简而言之，民间对经济学家所提建议持广泛的怀疑态度，很大程度或许根植于人们对建议出发点的合理担忧。既然传统经济学建立在错误的行为假设上，那又怎么能把根据这类模型做出的建议当真呢？

近年来，经济学家在思考人类行为方面出现了革命性变化。行为经济学诞生之初，研究者们努力采集现实生活中与理性行为模型相矛盾的异常现象。近些时候，他们又引入了新的模型，更准确地描述人们碰到经济选择时会怎样采取行动。在这些模型中，狭隘的自利不再是唯一重要的人类动机；背景环境也会影响评价；此外，它们明确地考虑到了系统化认知偏差造成的后果。

尽管以上创新使行为经济学家能够以更实际的观点解释人们如何进行经济选择，但民众对经济学仍然残存怀疑，这妨碍了我们到公共论坛上进行讨论。由于传统模型的预测经常出错，碰到它们正确的时候，读者也往往对其意见大打折扣。举个例子，2008 年夏天，参议员希拉里·克林顿女士提议缓征美国联邦燃油税，ABC 新闻台的乔治·斯特凡诺普洛斯（George Stephanopoulos）请她举出有哪一位经济学家赞成这种做法。希拉里倔强地回答说："我才不要上经济学家们的贼船呢！"民意调查显示，希拉里公开批经济学家的行为，帮助她在随后的西弗吉尼亚州和肯塔基州初选中取得了胜利。

有了行为经济学，我们现在终于可以既讨论经济选择，又不侮辱读者的智慧了。自 20 世纪 90 年代起，我一直在撰写专栏谈及此类选择。有些讲的是华盛顿政策决策者们所面临的经济决策；另一些谈的是华尔街涌动的储蓄和投资决策；还有一些以普通消费者日常所遇选择为题。尽管我写它们的时候，奥巴马总统尚未宣誓就职，但它们无疑与未来几年里我们要面临的诸多政治、经济和人事决策直接相关。

文章按主题划分，涵盖了读者在经济学领域可能会碰到的大量问题——从约翰·肯尼迪的“不要问……”为什么如此深得民心，到人们为什么要自愿曝光不利信息。然而，倘若有人接受我的看法，认为经济学谈的无非是稀缺背景下的选择，那么，所有的选择在本质上都是经济抉择。

行为经济学革命并未改变这些选择背后蕴含的基本经济问题——人类的欲望固然无止无尽，满足欲望所需的资源却是有限的。结果便是每一回合我们都面临着取舍。要想更多地拥有一些好东西，必然要放弃其他一些好东西。

不明智地取舍，就会造成浪费。比如已故经济学家阿瑟·奥肯（Arthur Okun）1975 年出版的《公平与效率：重大的抉择》（*Equity and Efficiency: The Big Tradeoff*），让我们习惯性地以为，效率和公平这对目标无法同时实现。故此，不少人相信，为了追求公平，免不了要忍受一定程度的浪费。但这里，我要提出相反的观点——不管何时何地，效率总是推动公平的最佳途径。

光从定义上来看，这种说法站得住脚。毕竟，任何能做大经济蛋糕的举措，都有可能让每个人分到更大更厚的一块。当然，它并不保证人人都自动得到一块更大的蛋糕，故此再分配是有必要的。

可哪怕是从更深的层面上看，效率和公平也往往和谐一致。传统经济理论认为，尽管累进税收制度有利于公平，却会扼杀创新和活力，令国家陷入贫困。行为经济学新近的研究却暗示，累进税收的作用恰恰相反。诚如我在论及金融顾问行业的文章中指出，降低收入最高者的适用税率，恐怕会增加对冲基金经理的从业人数，减少教师和工程师的数量。因为我们生活的世界里合格的教师太少，想当基金经理的人却太多太多，减税政策肯定会让经济蛋糕缩水。

行为经济学新近的发展以这样或那样的方式解决了保守派和自由派

之间长久以来存在的许多争议。故此，我在谈论经济学家约翰·肯尼思·加尔布雷思（John Kenneth Galbraith）的文章中指出，行为经济学领域的发展，支持了自由派在某些议题上的立场——只不过立论基础和自由派所说的完全不同。比如，自由派一直主张，要立法保障工人的安全，使之免受掌握了市场力量的企业的剥削；保守派却一贯认为，这种法规往往会对竞争最激烈的劳动力市场造成最强的冲击。但这里还有一种更站得住脚的说法：工人支持安全法规，原因和冰球选手支持戴头盔的比赛规则一样。

诺贝尔奖得主托马斯·谢林（Thomas Schelling）解释说，冰球选手不戴头盔滑冰能获得竞争优势，大概是因为他们能够看得更清楚、听得更分明。可是，倘若所有选手都不戴头盔滑冰，每支球队取胜的概率跟所有选手都戴头盔时一样。这样一来，头盔规则的好处就不言而喻了。

类似的逻辑也可以用来解释职场安全条规的吸引力。工人接受危险度更高的工作，可以挣到更多钱，购买到地理位置更佳的学区房。然而，要是所有工人都接受危险度更高的工作，房子的价格就被哄抬上去了，仍然有半数工人要把孩子送到较差的学校去。

一旦把经济推理从最狭义的理性行为模型中解放出来，我们就能清楚地看出，传统的意识形态其实并不能用来指导经济选择，我们还是得从实际出发——谨慎地权衡不同选项的成本和收益。也就是说，在选择两个互有冲突的项目时，哪个项目的收益超过成本更多，哪个就更好。向来如此。

这里有一个简单的主张，不妨来试试看如何反驳它（没你想象得那么容易）！比如，为让洛杉矶的空气质量达到某一目标，有两种方法可选：

- 方案一：要求所有汽车，不论新旧，都要满足某一严格的排放标准；

- 方案二：对使用年限在 15 年以上的汽车不做要求，但对较新的车辆施以较方案一更为严格的标准。

两个方案都能带来相同的整体空气质量，可因为方案二对新车的标准太高，实施起来造价高，所以总成本比方案一多。

成本效益测试认为方案一是较优选项。但方案二的支持者认为，尽管它成本更高，仍不失为上佳之选，因为开旧车的大部分是穷人，强加排放标准给他们带来了极大的负担。

然而，诚如我在论及这些问题的专栏中所说，上述论点不合理。洛杉矶 80% 以上的烟尘都来自获得豁免的老旧车辆。取消豁免车辆、对新车采用较低的标准，可以节省不少成本，足够补贴所有拥有旧车的老用户购买一辆符合规范的次新款二手车了。

有些领域的分配异议显得尤为棘手。即便如此，它们也并非不能克服。要记住，倘若一项政策能扩大整个经济蛋糕，那就有可能让所有人分享到比从前更大块的蛋糕。不过，还是有不少政客坚持，上述政策调整“在政治上毫无可能”。

但愿本书能鼓励你与我一道谴责一些人的玩忽职守。浪费减少了满足人类重要需求的资源；又因为有这么多重要的人类需求尚未得到满足，浪费行为，尤其是那些本可以轻松避免的浪费——罪无可赦。

我之前创作的《牛奶可乐经济学》致力于教育方法的改革，我希望本书有助于推动完成这一使命。在《牛奶可乐经济学》中，我提出，简单的几条基本原则在经济学中扮演着至关重要的角色。掌握这些原则不仅能刺激我们的大脑，还能帮助我们处理日常生活中碰到的诸多难题。遗憾的是，光从经济学概论课上来看，我们无从知晓学生们的掌握情况。

学了六个月课程之后，测试同学们的基础经济学知识，他们的平均表现并不比从没上过经济学概论课的学生好多少。

我相信，这么糟糕的成绩，主要是因为大多数教授想灌输给学生的东西实在太多。学生们在课堂上被强灌了数百个术语和概念，不少还是莫名其妙的数学公式，也难怪他们糊里糊涂搞不清楚了。

好消息是，只要在熟悉的环境中寻找有趣的问题，反复加以运用，大部分重要的经济原理都能毫不费力地掌握。这也是我想通过本书达到的目的。学习理论家提醒我们，掌握新概念的关键是不断重复。由于每天都有数不尽的信息冲击我们的大脑，人类进化出了一条简单的准则来避免脑袋运转超负荷：如果一条新信息你只看过一次，那不妨忘了它；但要是它反复出现，大脑就会进化出新的回路来处理它。我只挑选了极少的几条经济原则解答相关问题，你将会看到同一概念反复出现。如果你希望将这些概念运用自如，我但愿你把这种重复看成本书的特色，而不是缺点。

就算本书不足以说服你反对各种形式的浪费，我至少有把握它们能帮助你掌握一种独特的思维方法——“像经济学家一样思考”。

生活中还有哪些话题可以用经济学原理解释？
扫码听一听本书作者弗兰克教授的生动讲解。

# 你会用经济学观察社会问题吗?

扫码鉴别正版图书
获取您的专属福利

- 他出身显赫的都铎家族，却在小时候为人擦皮鞋赚钱，后来他成为常春藤名校教授，并撰写了全世界最受欢迎的经济学教材。他是?

  A. 本 · 伯南克

  B. 罗伯特 · 弗兰克

扫码获取全部测试题及答案
一起学习最妙趣横生的
经济学知识

- 增税会让高收入者懒于工作，从而阻碍经济的发展。这是对的吗?

  A. 对

  B. 错

- 付不起账单的绝症患者，应该被拔掉输氧管吗?

  A. 应该

  B. 不应该

扫描左侧二维码查看本书更多测试题

THE ECONOMIC
NATURALIST'S FIELD GUIDE

# 目录



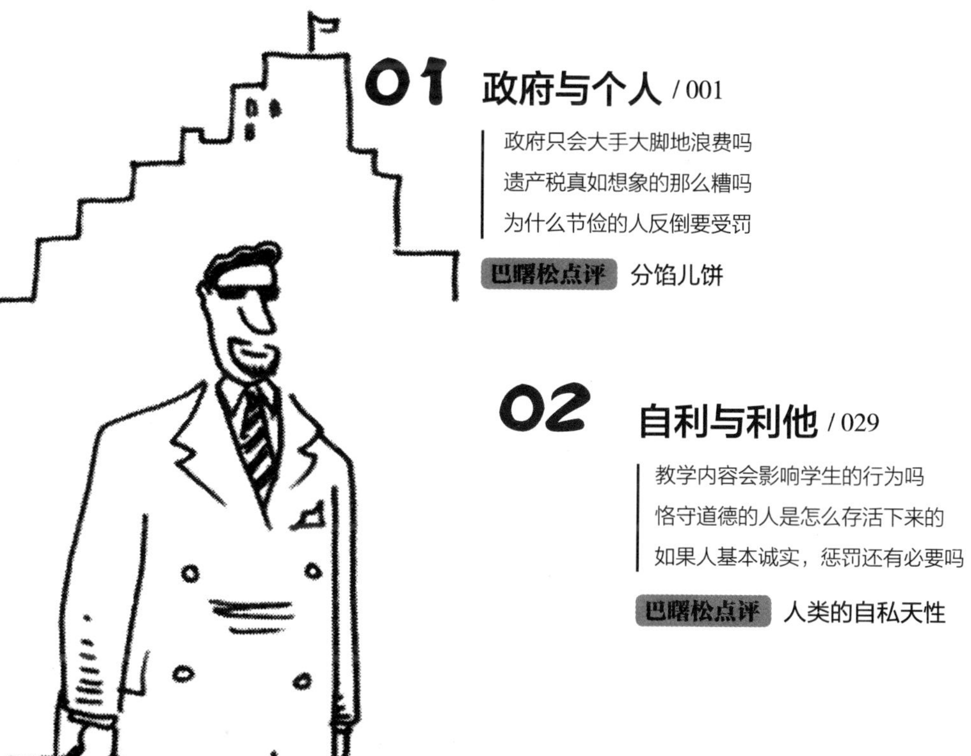

# 01
## 政府与个人

- 小布什减税真的能帮到富人吗
- 政府只会大手大脚地浪费吗
- 反政府势力为什么会让我们更贫困
- 对小企业主减税真的能创造新的工作岗位吗
- 遗产税真如想象的那么糟吗
- 如何解释涓滴理论的神秘魅力
- 为什么节俭的人反倒要受罚

从长远看，政府和个人、家庭一样，必须有谋生手段。尽管美国共和党素以严守“财政纪律”为荣，但正是在他们的监管下，最近十多年国债飙升。政府开支猛涨是部分原因，但更主要的原因在于他们对全国最富裕的家庭大幅减税。

从本质上来说，减少联邦赤字有两种方法——要么削减政府开支，要么提高政府收入。杜鲁门之后参选的历任总统候选人都许诺要减少政府浪费。当选的一些总统也曾在这方面做了许多切实的努力。但没有谁真正阻挡住了联邦开支向上挺进的步伐。只有税收收入增加的时候，联邦赤字才有所下降。

由于没人喜欢纳税，增税的提案得不到公众的好感。所以，每当我写专栏呼吁政府提高财政收入时，愤怒的电子邮件就如潮水般涌来。

有一天，我又发表了类似的专栏文章，学生们给我来了条短信，说电台名嘴拉什·林博（Rush Limbaugh）在节目里攻击我。我办公室里没有收音机，不过那天晚上在林博的网站上听到了他的言论。果然，他还是老调重弹，并以“那是你的钱”为论点，认为人们享有任意支配自己税前收入的权利：

> 我自己挣的钱想要怎么用，那不关你的事儿，弗兰克先生。你无权对此妄加评判。据此制定税收和经济政策，也跟你毫不相关。但是朋友们，这就是我们中受过教育的那号人，那些聪明的人，那些学识渊博的人，那些比你和我懂得更多的人。

我们很容易看出为什么这一论点的各种说法长久以来一直是右翼保守派攻击力最强的武器。大多数人都是辛辛苦苦挣钱，每当政府动用法律力量收走一部分，人们自然要生出怨念。然而，“我们有权花掉税前收入的每一个子儿”这种说法也太荒谬了。要是这样的话，税收就成了纯自愿行为。政府没办法筹措资金来修建公路或学校。更重要的是，军队我们也养活不起了。如此一来，我们会遭到其他国家军队的侵略，最终不得不向敌国政府纳税。

你可以说，不愿被迫纳税的人应该移民到自愿纳税的国家去。可惜没有这样的国家。考虑到实际情况，我们最好还是进行理性的对话，讨论一下我们希望政府提供什么样的服务，谁应该为这些服务纳税。

本章剖析了林博等反对者的抗议理由。第一篇文章写于小布什政府正在为最高收入群体争取减免附加税的那段时间。小布什早前的减税政策并未给富裕群体带来什么实际收益，还给他们招来了巨大成本，支出变化势所必然。

## 小布什减税真的能帮到富人吗

当市场力量加剧收入不平等时，大多数国家都会采取遏制政策。可美国却给富人减税，削减穷苦民众必需的公共服务。愤世嫉俗的人说，这一本末倒置是因为富人掌握了华盛顿的政治进程，并利用它为自己谋取利益。

可惜，这种说法站不住脚——除非当权者对自身利益的理解过分天真。仔细考察证据可以看出，平均而言，新近的减税反倒让富人的日子更难过了。减税给个人带来的好处不大，间接成本却比预期高得多。

从好处方面来说，减税可以使富人买下更大的住宅。表面上看，这么做似乎能让他们更开心。然而，经济学家逐渐意识到，与其说幸福取决于人们消费的绝对水准，倒不如说取决于消费所发生的社会背景。大量证据表明，尤其是对富人来说，倘若每家每户的房子都变大了，由此带来的主要效应不过是重新界定住宅的标准罢了。

所以，尽管近来的减税使得富人能够购买更多、更大的东西，却并没有带来多少真正的好处。诚如经济学家理查德·莱亚德（Richard Layard）所说："在贫穷国家，男人要向妻子表达爱意，送她一枝玫瑰就够了；可在富裕国家，他必须送一打玫瑰。"

从成本方面来看，新近的减税给联邦预算赤字造成了严重后果，连富人也深受影响。根据美国国会预算办公室（该办公室无党派立场）的预测，未来6年内，每年的赤字都将超过3 000亿美元。赤字最广为人知的后果是，政府将削减为全国最贫困家庭提供帮助的福利项目。因为富人在政治体制中占有相当的比例，他们支持的项目似乎稳妥得很，不会遭到预算大砍刀的毒手。富裕家庭还进一步把自己隔离起来，住在有门卫的社区里，孩子只上私立学校。不过他们最多也就能做到这个地步罢了。

举例来说，在全球获批的专利权当中，美国专利所占比例持续下跌，政府却因为赤字砍掉了不少用于扶持基础科学研究的联邦预算。这类削减将威胁长期经济繁荣。新墨西哥州共和党参议员彼得·多麦尼斯（Pete Domenici）说："我们以为能保住高端岗位，让其他国家去干低端工作。可现在，我们成了一个二流经济体，一个二流的国家。"

巨额赤字还威胁到了公共健康。故此，尽管像大肠杆菌 0157 一类的微生物对国民健康的威胁越来越大，可政府现在巡查牛肉加工厂的经费只相当于 20 世纪 80 年代初的 1/4。不光穷人，富人也会因为食用受污染牛肉而丢掉性命。

税收不足使得国家迟迟无法对街道和高速公路进行维护保养，哪怕这么做意味着将来要花两到三倍的钱来维修。短期而言，糟糕的路况每年会造成上千起交通事故，不少人因此丧生。死于这些事故的，不光有穷人，也有富人。倘若路面坑洼造成汽车爆胎，一辆福特的维修费不过 63 美元，可一辆保时捷至少得花 1 569 美元。

赤字还危及了国家的安全。比如，前苏联地区的核武器储备防务废弛，美国能源部一直在资助看管。2004 年，小布什政府却减少了这一项目 8% 的经费。美国前参议员山姆·纳恩（Sam Nunn）如今领导一家私人基金会，筹措民间捐款以加强对核武的监控。尽管人们担心恐怖分子在美国城市引爆核炸弹，但大部分集装箱仍然能自由进入美国港口，无人检查。

巨额联邦预算赤字和极低的家庭储蓄率，还迫使美国政府每年举债 6 500 亿美元，其中大部分来自中、日、韩三国。这些债款连带利息必须全额偿还。由此而来的财政负担，以及国际货币日益失衡的风险，大部分都落在了富人身上。

在总统的要求下，国会已经颁布了减税政策，到 2010 年，美国将减少近 20 000 亿美元的税收收入。根据近期估算，等法案正式通过，5% 的最高收入者将享受到上述减税的 52.5%。国会的共和党人又发起了另一项总额 690 亿美元的减税提案，仍以高收入家庭为主要受惠目标。

美国的经济早已进入了充分就业状态，估计没几个人会天真地以为，真的需要这些减税政策来刺激消费。也没有证据显示，靠进一步减税就能召唤出更多的奋斗和冒险精神。最后，人人都承认，进一步减税只会增加本就已很高的成本，使联邦预算赤字越来越大。

道德家们常常劝说富人，以慈悲心对待穷人，生活会焕然一新。但那些高收入者或许也希望看看这方面的证据：要是没有近年来的频频减税，他们的家庭说不定会过得更好。

抨击者还会引用政府开支浪费的生动例子，力陈己方主张。比如五角大楼购置了 600 美元的马桶圈，阿拉斯加耗费 2.5 亿美元修了一座哪儿也到不了的大桥。下面这一问题肯定了这一说法，接着又指出，个人同样存在着普遍的浪费行为。

## 政府只会大手大脚地浪费吗

继小布什总统的减税提案在 2001 年初吸引到广泛的政治关注后，内布拉斯加州的共和党议员汤姆·奥斯本（Tom Osborne）对白宫发起了攻击。

“关键是那是你的钱，”他说，“你当然比华盛顿的任何人都更清楚怎样花它。”

自此以后，总统和其他政府官员翻来覆去地引用这句话，打得抗议对高收入者减税的人哑口无言。

这一说辞如此管用，一部分原因是它符合选民的常识。毕竟，花自己辛苦挣来的钱，人们显然会多长个心眼儿。华盛顿的那些面目模糊的官僚，用的都是别人的钱，怎么可能会更谨慎呢？

政府为完成工作支付了大笔不必要的开销，这一类的案例频频见诸报端，也支持了“那是你的钱”一说。最出名的例子是五角大楼曾花 640 美元买了一个马桶圈，还有一回花 435 美元买了一把普普通通的铁榔头。

虚报价格只不过是浪费的一种形式。另一种更为重要的形式是，付了公道价格，但所做的事情却没什么意义。后一种浪费，在私人支出方面较为常见——倘若碰到富人们发狠斗起富来，情况就更是糟糕。

想想看，每到圣诞假期，富人们在一支手表上会花掉多少钱。《纽约时报》12 月刊会用大量整版广告，为售价好几千美元的精美手表大做宣传。

其中最叫人垂涎的是精致的机械手表，装有各种各样、意在提高其走时精确度的“复杂”功能。比如，陀飞轮本质上就是一副小型陀螺仪，它每分钟对表内的主要机械装置加以旋转，从而减少因为地球重力场造成的误差。钟表大师让 · 杜南（Jean Dunand）的超复杂功能腕表，售价高达 700 000 美元，可即便稍逊一筹的百达翡丽、劳力士等厂商生产的同类产品，至少也要卖 5 000 ~ 100 000 美元。

和马桶圈、铁榔头不同，这些表制造成本确实很高，所以支付大价钱的买家并没有挨宰。然而，换一个角度来看，他们的钱实际上仍是白白打了水漂。因为哪怕这些表使用了各种复杂的机械装置，也不如一块售价 30 美元的电子表精准——电子表采用石英晶体振荡机制，不受重力影响。

那么，为什么人们要购买昂贵的机械表呢？曼哈顿阿伦 · 费伯钟表行（Aaron Faber Gallery）的老板爱德华 · 费伯（Edward Faber）近来形容购买这些表的顾客说，“他们都是 30 ~ 50 岁的男性，想要把这‘象征权力的工具’戴在手腕上，借此特立于芸芸众生”。问题在于，一块表要能突出主人的身份，它的售价必须比芸芸众生戴的表贵得多才行。所以，一旦普通人提高了开销，要特立独行的价格也随之上涨。最终，大家的情况并不比所有人都减少开支时更佳。

高端私人支出的其他形式也是受类似力量驱动的。举个例子，安波·瑞德金尔（Amber Ridinger）过 13 岁生日，她爸妈给她买了 27 000 美元的 D&G 礼服，还请杰鲁（JaRule）、亚香缇（Ashanti）等大牌明星到生日宴会上开现场音乐会。

大卫·布鲁克斯（David H.Brooks）是一家军火企业的老总，该公司为驻伊美军供应防弹衣。女儿生日的时候，他邀请了女儿的 150 位朋友到曼哈顿洛克菲勒中心顶楼的“彩虹堂”，50 Cent、唐·亨利（Don Henley）、史蒂薇·妮克丝（Stevie Nicks）等一线歌手为他们当场献艺。据报道，整个生日宴会耗费 1 000 多万美元。

尽管这些事件招来了社会批评家的指指点点，当事家长却并非发了疯。他们只不过是花自己的钱为女儿搞个特别的庆祝会罢了。既然要特别，总得表现出点跟普通庆祝会不同的地方。于是，问题来了：昂贵的生日宴会成了一门日新月异的产业。

凯文和丹雅·蒙代尔是 Oogles-n-Googles 的创始人。这家公司专门操办儿童宴会，提供顶尖服务。两人新近宣布要开特许连锁店。不管家长们花多少钱，达到特殊水准的生日庆祝会仍然只有寥寥几个，并不比大家都少花钱时更多。

总而言之，我们毫无理由指望对富裕家庭大幅减税有益于稀缺资源的有效分配。

首先，并非所有用于资助减税政策的钱都会被政府浪费掉。比如，大部分钱从食品券计划（Food Stamp Program）中扣出来，可以让穷困家庭用公平市价购买食物用。再说，哪怕政府确实按虚高价格买了一些东西（比如防弹衣，定价高得足以带来暴利，从而能让军火商花 1 000 万美元开庆生会），其中很多总归有着重要的用途。

反过来看，新近靠裁减预算省下来的税款，大部分都会落到那些早就什么也不缺的家庭手里。这些家庭会拿着钱去追求“特别玩意儿”。可惜“特别”是一个相对的概念，成功实现这一目标的家庭总数，并不比从前更多。

从“那是你的钱”必然可以得出这样的推论，政府绝不应当把钱从富人那里再分配给穷人。如果我们遵循这一劝谏，政府放弃现行政策，那么，贫苦者的民生显然会变得更为多艰。但更出人意料的一点是，不进行财富再分配，往往也会减少富人本身的财富。下面我会解释为什么会这样。

## 反政府势力为什么会让我们更贫困

倘若你请反政府人士从公共政策十大戒律中举出最重要的两项，他们大多数人会选择：

- 公共支出应当在绝对值上维持最低水平；
- 国家不应当把收入从富人手里再分配给穷人。

没有政府会认真对待这些戒律。可它们给公共政策造成了显著影响，美国尤其如此。可惜，这些影响的作用方向，恰恰有违反政府势力的本意。

问题在于，不违背这两项戒律，许多成效斐然的公共政策是不可能制定出来的。所有重大政策的调整必然会使一部分人受益，使另一部分人受损。倘若赢家的收益远远大于输家付出的成本，那么我们总可以找出解决办法，让所有人都迈步向前。可这些解决办法往往牵涉到提高税收，把收入转移给穷人。

限制汽车排放的规定就是一个切题的例子。因为这种规定提高了汽车的价格，大部分地区的立法机构都将陈旧车型排除在外，以免为低收入者带来无法承受的成本，毕竟，开旧车的人大部分都属于低收入者。然而，豁免旧车给社会带来的成本，远远超过了它给穷人带来的福利。

举例来说，全洛杉矶尽管只有不到10%的汽车使用年限超过15年，但它们却带来了半数以上的烟尘。豁免这些旧车，必然需要对新车施以更严格的标准。可减少新车排放的廉价方法，能用的都已经用过了。根据兰德公司（Rand Corporation）的研究，想通过进一步收紧新车标准来使空气质量达标，所需成本是取消旧车豁免政策的好几倍。

凭借对高收入司机提税，政府可以向低收入司机提供购车补贴，让他们报废旧车，买一辆新近生产的、排放更清洁的二手车。这样一来，就不用对新车加以昂贵的排放标准，由此能够省下不少钱，远远超过了向穷人提供补贴需用的税款。富司机和穷司机实现双赢。

问题在于，这样的举措违反了本文开头提到的两条戒律。到目前为止，反政府人士还占着上风。他们以支持经济效率做借口，限制政府预算，阻止对低收入家庭的部分再分配。可在这个过程里，他们其实在掏空每个人的口袋。

有人以为，小政府跟经济效率是同义词。非也。诚如排放标准一例所示，经济效率有时要求政府扮演更重要的角色。

类似本例的情况在美国普遍存在。以医疗保健为例，相比其他工业国家使用的单一付款人制度（Single-Payer System）[①]，比如英国国家

① 这是一种筹资机制。指的是由单一基金的单一公共机构资助的医疗保健，而不是交付类型。——译者注

医疗服务体系或澳大利亚的全民公费保健系统，美国采用的私人保险制度成本高得多，结果却糟得多。但改用单一付款人制度要求提高税收，为低收入公民增加福利，故此也就违背了两大戒律。结果，到目前为止，美国仍然用着一套人人都觉得运作不良的医疗制度。

在反贫穷政策方面，大多数经济学家都同意，劳动所得税抵免（Earned-Income Tax Credit，简称 EITC）[①] 是改善贫苦劳工阶级生活标准最直接的方式。有了这一政策，那些收入低于标准水平的民众可以从一般性税收收入中获得津贴。它跟提高最低工资标准的做法不同，不会打消企业雇用劳工的积极性，这也正是 EITC 最大的优势所在。可惜，这么做就意味着对其他人增税，违反了两大戒律。

由于最有效的反贫穷政策在政治上注定无法实施，不少经济学家转而支持起了立法机关提高最低工资的议案，这在十年来还是第一次。如果这一议案得以通过，反政府势力又可以弹冠相庆了：他们阻止了联邦预算的再次增长。只可惜这是一场毫无意义的胜仗。因为提高最低工资标准跟提高劳动所得税抵免不同，它不仅限制了技术工人工作岗位的增长，还提高了技能工人生产的商品价格。总而言之，提高劳动所得税抵免会便宜得多。

反政府势力还阻止政府采用能为全体民众带来更佳结果的能源政策。比如，不管政治立场如何，所有的经济学家都认为，对汽油课重税能减少交通拥堵现象，降低温室气体排放量，加速节能技术的发展，减少对进口石油的依赖性。当然，它也会给低收入家庭造成很多经济上的不便，所以有必要为这些家庭转拨津贴。但征收燃油税，为低收入家庭提供津贴，显然违反了两大戒律。所以直到今天，美国的燃油税仍然比其他工业国家低得多。

---

① 劳动所得税抵免是一种针对低收入劳动者的税收优惠和福利政策。如果纳税人符合条件，可以从纳税额中直接减去计算得出的抵免额，当抵免额大于应纳税额时，还可以得到补贴。——译者注

民主力量限制了政府给低收入家庭带来的经济苦难，这当然是好事一件。但有时候，让这些家庭承受部分不便，能为整个社会带来大得多的收益。这种时候，我们总可以设计出让人人都生活得更好的解决办法。然而，不违反两大戒律，我们不可能将这些办法付诸实践。

为了解决同一个问题，难道私人部门多花两美元就比公共部门多花一美元更好吗？两大戒律荒谬地认为，确实如此。

经济效率是一个值得实现的目标，因为随着经济蛋糕越来越大，每个人能分到的蛋糕也比从前更大。强调这一目标的重要性，是反政府势力值得称许的地方。可近年来的发展趋势不断证明，反政府势力往往是实现经济效率的最大阻碍。

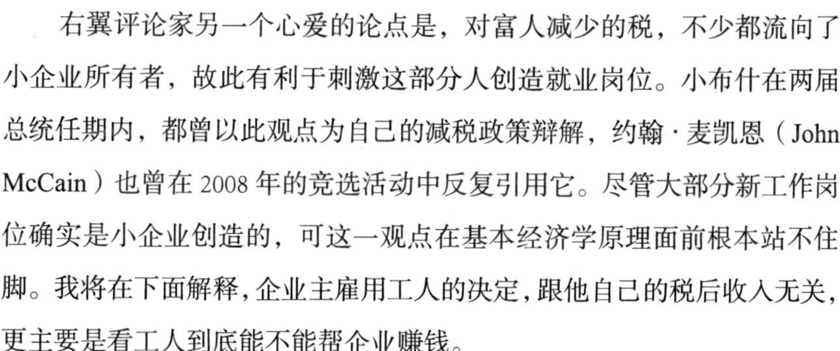
右翼评论家另一个心爱的论点是，对富人减少的税，不少都流向了小企业所有者，故此有利于刺激这部分人创造就业岗位。小布什在两届总统任期内，都曾以此观点为自己的减税政策辩解，约翰·麦凯恩（John McCain）也曾在2008年的竞选活动中反复引用它。尽管大部分新工作岗位确实是小企业创造的，可这一观点在基本经济学原理面前根本站不住脚。我将在下面解释，企业主雇用工人的决定，跟他自己的税后收入无关，更主要是看工人到底能不能帮企业赚钱。

## 对小企业主减税真的能创造新的工作岗位吗

小布什政府的经济政策的核心一直是大幅削减高收入群体的所得税。据预测，在小布什的两届总统任期内，减少的税收将为全美增加近20 000亿的国债。好几位诺贝尔经济学奖得主联名上书，谴责小布什政府“行动不计后果，给美国长远的经济健康造成了极端严重的威胁”。

国会至今尚未决定是否施行永久减税。故此，不妨利用这个机会来看看小布什支持减税政策的论点。

小布什从来没说过，减税是为了让富人过得更舒服，他在这一点上倒也算坦白。毕竟，近年来高收入群体把大部分税前收入尽得囊中，达到了前所未有的繁荣兴旺。

相反，小布什把他的减税政策说成是经济刺激一揽子方案的关键。他说，因为大多数新工作岗位都是小企业创造的，为这些企业的所有者减税，能刺激就业率的提升。故此，他政策的隐含前提是：如果企业主有余钱雇用额外的工人，他们肯定会这么做。可惜，企业主是否有余钱雇人，根本是一个不相关的问题。真正重要的是，雇用的工人能不能增加他们的利润。

基本的雇用标准非常简单，每一本经济学入门教科书上都找得到（包括总统的经济顾问们写的那些）：倘若额外工人的产出，能卖出至少足以弥补其薪水的价格，那就应该雇用他们；反之则不应该。只要满足这一标准，不管企业主本身是多么穷困潦倒，雇用额外的工人在经济上都是合情合理的。反过来说，倘若不满足这一标准，哪怕企业主是富翁，雇用额外的工人也不合乎经济道理。企业主的税后个人所得跟雇用决策毫不相关。

帮小布什说话的人或许会说，企业主需要先行投入资金，负担新工人的雇用和培训成本，因为只有受过训练的工人才能有效创造额外产出。减税之后，企业主的口袋里就有了这笔钱。的确是这样，可它并不改变基本的雇用规则。

企业主利用减税所得，负担雇用工作的初始成本，这种做法的本质跟银行一样：借钱给自己，指望将来获得回报。检验这种内部贷款在经济上是否合理，跟检验外部贷款完全一样。

倘若企业雇用额外工人所得的最终收益不光能负担工人的薪水，

还能偿还有息贷款，那么银行放贷就是合理的。内部贷款必须满足相同的标准。只有当企业雇用额外工人所得的收益足以负担工人的薪水和还贷额（包括企业主把减税优惠放在银行里所得的利息），内部贷款才算合理。在雇用决策中，内部贷款的隐性成本和外部贷款的显性成本有着完全相同的经济立足点。

总之，对小企业主减税能刺激他们雇用更多工人的说法，放在任何一本经济学入门教材阐述的基本原理面前都站不住脚。

小布什减税的第二个理由是，通过刺激富人的消费，扩大就业。但富人通过减税所得的大部分收入，并不会短期内就用出去。即便真的有人因此增加了消费，其主要作用也不是扩大国内产品和服务的需求，而是提高海滨房产的房价，以及让订购新款保时捷 Carrera GT 的名单变得更长些。这一类支出对刺激国内就业作用并不大。

倘若把小布什减税减下来的钱用到别的地方，说不定能派上真正的用场。比如，对中低收入家庭减税，能立刻刺激消费，因为大多数家庭的储蓄率都很低。而且他们的额外支出主要是用在国内企业生产的产品上——反过来能真正提高就业率。

拨款给缺钱的州政府，成千上万的教师和警官就能免遭裁员。这么做甚至还能直接创造出许多有用的工作岗位。比如州政府可以请人仔细检查如今自由进出港口的集装箱。

两大派别的经济学家一开始就抗议说，对富人减税根本无从刺激新就业岗位。经验也证明了他们的正确性。2005 年 1 月的私营企业就业率果真比 2001 年 1 月要低。自从大萧条以来，同一总统任期内就业率出现下降，这还是头一遭。

保守派还有另一项天才的修辞花招：把“遗产税”换成更难听的“死亡税”，并想方设法地废除它。遗产税只对继承了极大数额遗产的人征收。

有趣的是，连收入最低的选民也强烈支持这一提案，哪怕他们的后代缴纳遗产税的可能性比被陨石击中还低。接下来，我会解释，遗产税其实是偿付公共服务代价最低的一种方式。我还引用了一些原始的调查数据，证明支持废除遗产税的选民远远不如表面上看起来那么声势浩大。

## 遗产税真如想象的那么糟吗

小布什政府提议永久性废除遗产税，也即继承财产时缴纳的税种。中产阶级对该提案呈压倒性支持，白宫已经签署了废止令，有人预测参议院很快也会通过类似法案。

但民众真的普遍支持废除遗产税吗？在民意调查中，调查员一般只告诉受访者政府提议废除遗产税，然后就问他们是否支持这一举措。尽管大多数调查中，2/3 以上的受访者做了肯定回答，不过，这或许只能说明，民众不喜欢任何一种税（见图 1-1）。

当然了，没人喜欢纳税，可这并不意味着税收毫无必要。因为没有税收，就没有军队，我们会遭到其他国家的武力征服，最终，我们还是得被迫向他们纳税。

根据美国预算与政策优先中心的数据，从 2012 年到 2021 年，废除遗产税会减少联邦近 10 000 亿美元的收入。为填补这一缺额，至少要求国家采取以下任一措施：提高所得税、销售税或其他税种；进一步削减政府服务；提高向中日韩等国的借款额。然而，新增的借款需按市场利率偿还，所以最后一招还会导致进一步的增税和削减服务。

不少反对遗产税的人说，废除遗产税之后减少的税收，有助于精简政府机构。但在当前的政治制度下，削减开支的目标，主要是针对基础公共服务，而不是那些大而不当的政治分肥项目。例如，小布什在竞选时把自己打扮成一副反对政府浪费的样子，之后却发起提案，削减 16% 的退伍军人医疗费，15% 的教育和职业培训费，9.6% 的营养补助费（针对儿女尚幼的贫困母亲）。所以，除非我们愿意提高其他税收，废除遗产税必将进一步削减宝贵的公共服务。

要是认真考虑了上述后果，选民们还会赞成废除遗产税吗？为找出答案，我请康奈尔大学的数据调研所再次进行了两种不同的全国电话问卷调查。第一种调查只问受访者，是否支持布什政府的废除遗产税提案。所得结果和其他同类调查一样，支持的受访者占差不多 3/4。

第二种调查则提醒受访者，废除遗产税造成政府收入短缺，需要以提高其他税种、削减政府服务或大量举债的方式填补。这一回，反对废除遗产税的受访者占了差不多 4/5。尽管两种调查涉及的样本规模都很小（前一次仅有 42 人参加，后一次也只有 66 人次），但调查结果如此迥然相悖，这种情况是很少见的。

如果说民众对废除遗产税的普遍支持只是一种表象，有没有什么证据能说明保留遗产税的确有道理呢？我们的根本目标是采用一种尽可能有效、公平，且对民众影响小的税收制度，偿付政府服务。全面权衡之下，还真难想出有哪种税比遗产税更合适。遗产税上少征一美元，就必须靠其他税种多征一美元，而其他的税种，在上述三个尺度中至少有一个比不过遗产税。

遗产税的一大优势在于，它基本上不会对动机造成负面影响。高所得税有可能打消投资的积极性，但有谁会为了规避遗产税而甘愿做个懒鬼呢？正是因为有了遗产税，所得税才能保持较低水平，事实上，它还强化了人们投资和冒险的动机。

遗产税的另一个长处是它就像律师的风险代理费。遭受损失的一方本来付不起打官司的费用，可因为律师对客户承诺，输了的话不必给钱，他们得到了弥补所受损害的机会。类似地，遗产税让我们得以享受到宝贵的公共服务，倘若事先知道自己将过上富裕的生活，我们会很乐于支付这笔钱，可倘若事先并不知道未来会怎样，我们恐怕并不情愿就范。这时，遗产税站了出来，只有当我们幸运地成为人生的大赢家时，才需要在身后支付这笔额外的费用。

遗产税还为人们提供了从事慈善事业的动机，有了慈善事业，自然也就减少了民众对许多需用税款偿付的公共服务的需求。根据布鲁金斯学会（Brookings Institution）和城市学会（Urban Institute）的近期估计，废除遗产税后，每年有可能减少高达 150 亿美元的慈善捐赠。最后，征收遗产税，意味着我们在世的时候可以少缴纳些税款，况且，活人纳税肯定比死人纳税更痛苦。

一些反对者抱怨说，遗产税令小企业主和农场主承受了不合理的负担。目前，遗产税的起征点是 150 万美元（已婚夫妇为 300 万美元），到 2009 年还将进一步提高到 350 万美元（已婚夫妇为 700 万美元）。只有不到 1% 的继承人需支付遗产税；遗产税的大部分收入都来自 1 000 万美元以上的遗产。

许多家长说自己不喜欢遗产税，因为害怕它妨碍自己尽其所能地保障孩子的经济安全。可目前的起征点足够家长留给孩子一大笔钱，让他们去创办小企业，接受精英教育，在好学区购买一所大房子，甚至还能留下数十万美元以备不时之需。

仔细想想看，家长真的希望孩子继承到比这更多的钱吗？大富之家素来担心世袭财产对后代创造成功事业的能力产生腐蚀作用——正是出于这一考量，沃伦·巴菲特和其他亿万富翁限制了孩子们继承的遗产额度。就算巴菲特先生改变了主意，依照当前税法，他仍能留给孩子们 200 多亿美元的税后财产。

总而言之，尽管应该削减、废除的税种有很多，遗产税却不在此列。它是目前阶段最接近完美状态的一种税收。虽然现在废除它的声势造得很大，大多数人似乎意识到，留下它更符合自己的利益。在我的第二轮调查中，连共和党人也有 70% 反对废除提案。

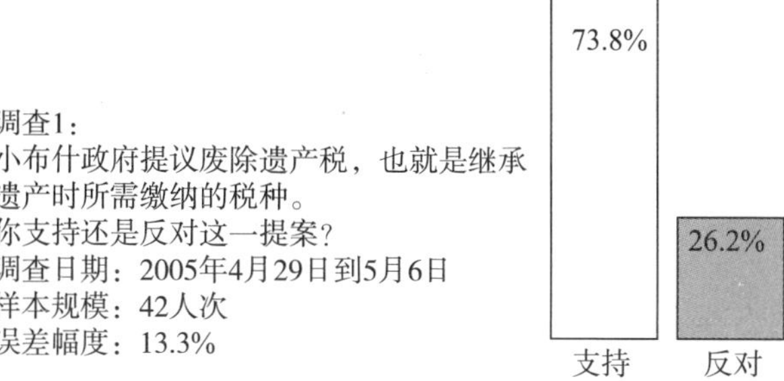


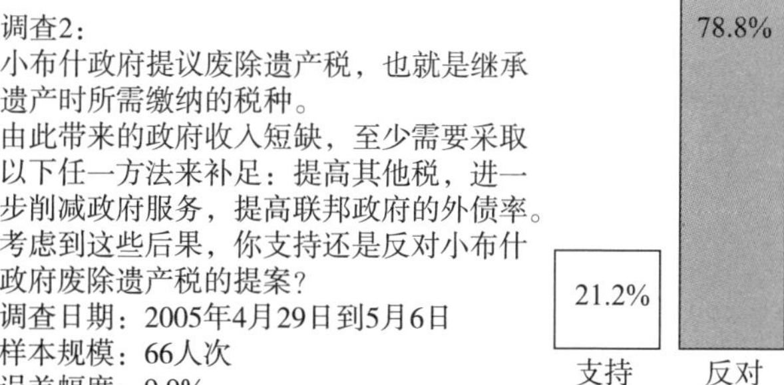


**图 1-1　两种调查的不同结论**

注：康奈尔大学数据调研所进行的随机性全国电话抽样调查。

自从里根时代以来，涓滴理论（Trickle Down Theory）[①] 频频见于各种政治论述。该理论认为，对富人少征税，能刺激经济发展，最终使经济果实惠及所有人。我将在下面指出，这种说法不仅全无经济理论基础，而且与历史记录大相径庭。

---

① 指在经济发展过程中并不给予贫困阶层特别优待，而是由优先发展起来的群体通过消费、就业等方面带动其发展。该理论认为，政府救济不是救助穷人最好的方法，应该通过经济增长使总财富增加，最终使穷人受益。——译者注

## 如何解释涓滴理论的神秘魅力

有人问银行大盗威利·萨顿（Willie Sutton）为什么要抢银行，他给出了一个经典回答：“因为那儿有钱。”民主党总统候选人约翰·爱德华兹（John Edwards）呼吁对最高收入群体增税，为全民医疗保险提供资金，也采用的是同一逻辑。

提供全民医疗保险是很费钱的。扣除通货膨胀后，美国目前的平均工资比 1980 年还低，所以大部分中产阶级家庭再也承受不了额外征税了。与此相比，如今 1‰收入最高者挣的钱是 1980 年的 4 倍，越上层的人享受到了越大的收益。美国大型企业的高层主管所得收入是 1980 年的 10 倍。一句话，钱在最高收入者那儿。倘若他们不多缴些税，全民医疗保险就是场空。

涓滴理论者站出来抗议说，增税会让最高收入者懒于工作，不愿冒险，阻碍经济发展。他们老调重弹，坚持说，累进税制会杀死下金蛋的鹅。然而，仔细观察便可发现，这种说法既无经济理论支持，亦无实证证据支持。

涓滴理论者看似有理，很大原因在于它好像很符合“人做事讲动机”这一古老观念。支持该理论的人辩称，由于对高收入者采取高税率减少了劳动报酬，故此会诱使人疏于工作。可是，几乎每一本经济学教科书都清清楚楚地指出，税收工资减少，还会带来另一种相反的作用。税后工资少了，人觉得穷了，于是比从前更加辛勤地工作，弥补收入损失。至于这两种互相抵消的效用哪种占上风，经济学上未有定论。

经济学理论对涓滴效应不留情面，实践经验更是对它痛下杀手。倘若较低的实际工资会令人缩短工作时间，那么，实际工资提高，肯定会出现相反的现象。故此，按照涓滴理论，20 世纪实际工资陡增的累积效应应该是工作时间显著增加。然而，实际情况是，如今的工作周比 1900 年短得多。

涓滴理论还预测，在实际税后薪资较低的国家，工作周较短。可惜数据又跟它唱了个大反调。比如，尽管日本的企业高管所得薪资不到美国同行的 1/5，边际税率也更高，可他们一点儿也没有缩短工作时间。

涓滴理论又预测，不平等和经济发展之间存在正相关，即收入不平等强化了人们力争上游、奋勇向前的动力。可研究人员跟踪了多个国家不同时期的数据，却发现两者之间是负相关。比如，第二次世界大战结束后的十多年，收入不平等处于历史低位，可大多数工业化国家的增长率都相当高。反之，1973 年以来，收入不平等稳步增长，经济增长率却不到前一时期的一半。

跨国数据中也观察到了上述模式。例如，经济学家阿尔贝托·阿莱斯纳（Alberto Alesina）和丹尼·洛德瑞克（Dani Rodrick）利用世界银行和经济合作与发展组织对 65 个工业化国家的采样数据，发现国民收入集中在 5%~20% 的高收入群体手中的地区，经济增长率较低。反之，在穷苦和中等收入群体享受大部分经济成果的地区，经济增长率较高。总之，观察所得的模式一次次地反驳了涓滴理论所做的预测。

唐纳德·莱利（Donald Reilly）画的一幅漫画准确地再现了涓滴理论支持者们的世界观：

> 夏天午后，两个胖乎乎的企业主管泡在游泳池里，吸吮着鸡尾酒。其中一人指着自己，气愤地对另一人说道："要是那些主张对富人课重税的小子真的上了台，我告诉你，我这个苦力可要甩袖子不干了！"

这幅漫画跟现实毫无共同之处。20 世纪 50 年代，美国高管的收入比今天少得多，负担的边际税率也更高，可大多数人仍干劲十足地顺着企业阶梯往上爬。认为税率稍微调高些就会让如今的主管们放弃追求，这种看法毫不足取。

在美国，涓滴理论者固执地认为，累进税结构会危及经济发展。受此影响，政府长久以来都无法放开手脚为民众提供宝贵的公共服务。故此，哪怕其他所有工业化国家都提供全民医疗保险，涓滴理论派还是坚持说，我们这个世界上最富裕的国家负担不起这一套。民主党前参议员约翰·爱德华兹（John Edwards）的妻子伊丽莎白·爱德华兹（Elizabeth Edwards）跟癌症奋勇作战，背后有世界上最先进的医疗制度的全力支持。可还有数以百万计身患绝症的美国人根本享受不到这一制度的半点关照。

无法提供宝贵的公共服务，受损害的可不止是中低收入家庭。举例来说，前苏联地区的核原料储备防务废弛，能源部搞了个协助看管的项目。但小布什政府砍掉了这一项目，哪怕恐怖分子们一直在积极地寻找获取核武器的途径。

钱都在富人那儿，不少高收入者也愿意为宝贵的公共服务缴纳更多的税款。可既无理论支持也无证据支持的涓滴理论却依然挡着道儿。是时候放弃这套理论了。

我下面要讲的内容激得林博先生对我破口大骂。我说的是，只要稍稍调整一行税务代码，就能为政府带来可观的新收入，又无须选民牺牲他们真正在乎的东西。

## 为什么节俭的人反倒要受罚

艾伦·格林斯潘（Alan Greenspan）也加入了共和党人声讨总统的长长队伍中，他在回忆录中谴责小布什在财务上不负责任。事到如今，连顽固的供应学派也勉强承认，总统的减税举措增加了数千亿的国债。

2001年，时任美联储主席的格林斯潘先生曾当着参议院预算委员会的面，做证支持减税政策。现在他改口说，他原本以为小布什在政府支出方面会有所克制。这真是个不切实际的期待。联邦支出在当代历届总统的任期内都只升不降，罗纳德·里根当总统时也不例外。

不管格林斯潘先生怎么辩解，批评家们也不相信他对如今愈演愈烈的金融风暴全无责任。此外，他的书还掀起了一场迟到已久的大辩论：到底是什么引起了这场危机，到底该怎么补救。所有认真参与这场辩论的人都同意，不大幅提高联邦税收，什么战略也成不了事。共和党的主要总统候选人仍在呼吁进一步减税，故意忽视这场辩论。民主党则建议让小布什针对最高收入群体的减税政策早早消停。然而，光这么做还远远不够。

考虑到在选举年里主张增税带来的政治风险，许多人都担心这场危机得不到解决。可其实手边就有个极其简单的补救办法：用陡增式累进消费税（Progressive Consumption Tax）[①]代替现行的联邦所得税，美国不仅可以消除联邦赤字，刺激提高储蓄率，偿付宝贵的公共服务，减少外债——而且无须纳税人做出重大牺牲。

在这样一种税收制度下，人们需要呈报年收入和年储蓄额，就跟参加401（k）退休计划和其他退休方案时一样。一个家庭的年消费额为收入和储蓄之间的差额。这个数减去一个标准起征点，比如一个四口

① 罗伯特·弗兰克的新书 *Success and Luck* 中有对此的详细介绍，该书即将由湛庐文化出品、北京联合出版公司出版。——编者注

之家的起征点是 30 000 美元，就得到家庭的应纳税消费额。起征的税率很低，比如 10%。这样的话，一个家庭，年收入 50 000 美元，储蓄 5 000 美元，那么应纳税消费额为 50 000–5 000–30 000=15 000 美元，只需缴纳 15 000×10%=1 500 美元的税。而依照现行联邦所得税制度，该家庭每年要纳税 3 000 美元。

随着应纳税消费额的提高，额外消费的税率也随之上涨。按累进所得税，边际税率一旦提高到一定的极限，就不可能不威胁到储蓄和投资的动机。可使用累进消费税，较高的边际税率反而强化了这些动机。

试想有个年支出 1 000 万美元的家庭，正在考虑要不要再花 200 万美元给自家的豪宅修个翼楼。如果消费税的最高边际税率是 100%，这个项目的成本就是 400 万美元。上缴税款可以帮联邦减少 200 万美元的赤字。如果该家庭觉得这笔钱太多，于是减少预算，只用 100 万美元来为房屋修建附加工程。那么，他们要付 100 万美元的税，而把省下来的 200 万美元存起来。联邦赤字减少了 100 万美元，而多出来的储蓄则可以刺激投资，带动经济发展。不管是哪种情况，国家都能收获好处，又无须富裕家庭做出真正的牺牲，因为要是所有人的房子都越修越大，最终结果只不过是重新定义“豪宅”的标准罢了。有了消费税，大多数邻居都会缩减预算，在新翼楼上少花点儿钱。

累进消费税还将减少中产阶级家庭日益增长的经济压力。过去 30 年间，最高收入群体不光在收入上增长最快，享受的减税政策也极为优厚。他们的房子越修越大，只不过是因为他们的钱越来越多。这些豪宅改变了收入稍低者的参考坐标，令后者也开始修建越来越大的房子了。激增的支出影响了各收入层次的家庭。

举例来说，尽管中等家庭的实际收入 20 多年来并没有太大增长，但在当今美国，中档的新住房面积一般超过 700 平方米，比 1979 年大了 40% 以上。问题不是中等收入的家庭竞相攀比，恰恰相反，他们的支出超过负担极限，往往是因为房价高的街区里学校也比较好。因此，一家人要是在房子上少花了钱，就必然要把孩子送到质量差的学校去。

有人担心税收制度不鼓励消费，可能会将经济带入衰退。决定产出和就业率的是总支出，而不仅仅是消费。如果累进消费税得以分阶段引进，它的主要作用将是把国民支出从消费转向投资，带动生产力和收入的高速增长。

如果发生衰退，暂时降低消费税能比传统所得税暂时下调带来强得多的刺激。只有立刻把钱花掉，人们才能受益于消费税的暂时下调。而传统的所得税下调时，害怕因为衰退而丢掉工作的人，往往不愿把省下来的所得税花出去。

回避当前的金融危机可不是个好主意。随着婴儿潮一代逐渐退休，大多数选民又支持全民医疗保险制度，预算缺口会越来越大。每年向国外的借款（如今已超过 8 000 亿美元）将有增无减，令美元进一步贬值。个人储蓄率（过去两年均为负数）还将继续下跌，经济增长率不断走低。

累进消费税或许是以可接受的政治成本逆转上述趋势的唯一可行之道。来自不同政治立场的许多经济学家都认可这一做法。1995 年，佐治亚州民主党参议员山姆·纳恩（Sam Nunn）在最后一届任期内向参议院发起此提案，并得到了新墨西哥州的共和党参议员彼得·多梅尼西（Pete V.Domenici）的附议，后者将之称作“储蓄无限减免税”。简而言之，这种税并不是什么激进想法。

小布什针对全美最富裕家庭的减税政策不仅威胁到了美国经济的繁荣，而且并没有给富人们带来什么实际的好处。富人争相花数百万美元给孩子开庆生会，无非是提高了所谓“特别时刻”的标准。倘若这些钱能用来修补老旧桥梁、检查进出港口的集装箱，即便单纯从自私自利的角度讲，富人的日子也都将过得更舒坦。

## 巴曙松点评 分馅儿饼

只有死亡和纳税是无法避免的，这是我们经常应用的一个西方谚语。

我们为什么要缴税？税收都干什么用了？为什么在美国的金融危机中，动用公币救助大型金融机构会面临巨大的社会压力？

理性的经济学家把税收讨论的范畴归纳为两类：收多少税和向谁征税。小政府主义者主张税收越少越好，或许这正中了我们普通小老百姓的下怀，"自己的钱自己花，别人无权拿走我钱包里的钱"。然而，弗兰克告诉我们：不纳税就没军队，就没人来保护你，结果将是，虽然你有更多的钱买最好的防盗门，甚至雇用保镖，却仍然会轻而易举地成为别人的俘虏。你不但失去了钱包，更要失去自由。

好吧，我们还是老老实实缴税吧。那第二个问题就跟着来了，谁该缴多少呢？如果是一个刚刚毕业的学生，一年挣的收入可能仅仅够租房的，而有的高薪者的年薪可能有数百万。是按相同的比例呢，还是用别的什么思路？保守派告诉我们：应该向企业主和富人少征税，这样企业主就能给我们提供更多的工作岗位，富人能够更多地去消费，从而扩大劳动力市场的需求。

弗兰克则认为：不不，企业主是否提供新的工作岗位不在于自己腰包里有多少钱，而是新雇员能否给他带来更多的利润；至于富人多消费，那些东西是你我所能生产的吗？别做梦了，那是欧洲人玩的把戏。

"但我是富人，我的钱也是自己辛苦挣来的，我没有义务多纳税！"

那听听弗兰克的观点吧：平均而言，对富人的减税反倒让富人的日子更难过了。减税给个人带来的好处不大，间接成本却比预期高得多。当所有的富人都少纳税，而用省下的钱把800平方米的房子换成1 000平方米的时候，所发生变化的只是重新界定住房标准罢了。然而，因为减税而造成的医疗、教育、科研等基础领域投资的减少将危害整个人类的福祉。富人毫无例外！

涓滴理论认为，只要馅儿饼做大了，穷人自然能吃到更多；然而，弗兰克说，如果不有意识地多分给穷人一些馅儿饼，那么做大馅儿饼的努力效果就会大打折扣！

# 02

# 自利与利他

The Economic Naturalist's Field Guide

- 教学内容会影响学生的行为吗
- 恪守道德的人是怎么存活下来的
- 如果人基本诚实，惩罚还有必要吗
- 为什么肯尼迪“不要问……”的口号深得民心
- 法律能遏制政治献金的腐败影响吗

社会学家哈维·霍恩斯坦(Harvey Hornstein)曾经做过一个实验，把钱包扔在纽约市的人行道上。钱包里装着小额现金、若干银行卡、洗衣收据，并留有“失主”名字和住址。传统的经济模型认为人都是自私自利的，照此预测，捡到钱包的人应该留下现金。然而，超过半数的钱包都被人匿名寄回原主，里面的现金分文未动。

传统经济模型预测，人们不会参加总统选举的投票，因为投票事关成本，更何况不管在哪个州，一个人的选票也不可能改变选举结果——就连在2000年佛罗里达州的激战中也是如此。该模型还预测，顾客不会给不再光顾的餐馆留小费。尽管这些预测有时候还算准，但相反的例子也比比皆是。

当然，大多数经济学家意识到，自利并不是唯一重要的动机。要解释人们为什么参加投票，我们可以简单地假设：选民在这一过程中获得了满足感。可不少经济学家拒绝这么做，他们说，这不就跟“爱喝机油”[①]

① “爱喝机油”一例在《牛奶可乐经济学2》中有详细分析。——编者注

一样荒谬吗！假设我们看到一个人把车里的机油倒出来喝了个精光，几分钟以后痛苦地死掉了。然后我们据此“解释”说，他就是超爱喝机油罢了！套用这一理论，什么怪异的行为我们都能做出解释，但靠它做不出能经得起实践检验的预测，故此算不上一种可靠的科学理论。

诸如同情心和责任感之类的道德情操跟爱喝机油并没有什么共同之处，因为，众所周知，前者至少在某些环境下能影响人的选择。放弃经济学家的自利理论枷锁，展现在我们面前的世界会有怎样的不同呢？本章对此做了探讨。

首先，我提出了这样一个问题：我们教的东西，是否会影响人的行为？经济学老是讲自私自利，似乎很容易把人往自私自利的道路上引。

## 教学内容会影响学生的行为吗

《纽约客》上登过一则漫画：衣着考究的老绅士带孙子去树林散步。“了解植物是件好事，”他告诉孙子，接着又说，“但要记住，了解植物赚不了大钱。”

老绅士的忠告和经济学家们的理性行为模型何其相似呀。该模型假设，从狭义上来说，人是自私的。它承认，了解植物是件好事，可外面的世界竞争激烈，不追求个人利益最大化的家伙很可能会被踢到一边去。

毫无疑问，自利是人的一种重要动机，自利模型（Self-Interest Model）[①]也毋庸置疑有着很强的说明力。比如，能源一涨价，人们就

① 发生在资本主义经济快速发展的时期，资本家疯狂地进行资本累积、追求个人利益最大化，人们的经济行为主要表现为被个人利益所驱使。——译者注

偏向于购买混合动力汽车，可以节省油费；为阁楼加装隔热层，以便节省电费。

但有些经济学家进而推论说，自利模型几乎能解释所有的行为。乔治梅森大学的戈登·图洛克（Gordon Tullock）就曾写道："从狭义上来说，普通人95%都是自私的。"这话说得对吗？可为什么我们又经常会碰到一些社会规范，力劝我们为了更伟大的目标把自私放到一边去呢？

说到寻找与标准经济模型相悖的例子，法国是个着手的好地方。我到巴黎休假，碰到了许多这类例子，其中有一个尤其突出。11月的一天下午，我问隔壁住的红酒商可有什么好点儿的香槟推荐。当时正是感恩节前一周，妻子和我邀请了几个美国朋友到家里吃火鸡。

他刚巧有一瓶很棒的酒，只卖18欧元（正常价是24欧元）。很好，我说。我又请他再推荐一瓶黑醋栗酒，因为我知道到访的有些朋友想喝"皇家基尔"——一种香槟和黑醋栗酒混合调制的鸡尾酒。邻居说，这样的话，就用不着买上等香槟了，因为一跟黑醋栗混合起来，没人分得清那是什么酒。好吧，那我该买什么呢？他拿出一瓶酒，说这才是调制"皇家基尔"的专用香槟。

可这种特别的香槟并不出售。后来，他告诉我这种酒每瓶20欧元——比先前那种更好的还贵两欧元——一时间，他有些尴尬，没说话。虽说我觉得答案很明显，可我还是觉得有必要问个清楚：如果用前一种更好的香槟调制，"皇家基尔"的味道会差些吗？他宽慰我说，绝不会。又因为我知道有些朋友会直接喝香槟，于是我买了几瓶品质更好的那种。邻居并没有反对，可我感觉得出，他肯定暗暗把我划入了"野蛮人"那一档。

对很多法国人来说，不同香槟派不同用场的美学原则远比自利模型的逻辑更重要。这一特殊原则带来了更佳的整体结果，因为它规定了哪种香槟用在哪种场合下效果最好。所以，尽管在我个人来说，忽视酒商的建议也无所谓（因为我用较少的钱喝到了更好的香槟），但至少有一部分买回家的好香槟给浪费掉了。

当然，自利模型预测失准的地方不光只有法国。比如大多数美国人就餐后都会留下小费，哪怕他们绝不会再度光临这家餐馆。我们不怕麻烦地在总统选举中投票，哪怕一张选票并不会改变选举结果。我们还会匿名给慈善机构捐赠。从社会的角度来说，我们在这类情况下主动放弃了自私，带来了比人人依自利行事更好的结果。

我们对人类行为动机的看法是否重要呢？威斯康星大学的两位社会学家杰拉德·马维尔（Gerald Marwell）和鲁斯·埃姆斯（Ruth Ames）做了一次实验，观察个人对集体项目的捐款情况。他们发现，经济系研一学生的捐款平均还不到来自其他系学生的一半。

其他研究也发现，如果人反复接触自利模型，行事自私的可能性越大。有实验指出，主修经济的学生，在合作率上低于其他系的学生，而且，学生们学习各自的专业越久，这种差异越大。

我倒不是说经济学教授们强调自利的重要性有什么错。但坚持说自私是人类唯一重要的动机，会忽视另一些更重要的事情。更麻烦的是，狭义的自利模型怂恿我们对其他人做最恶意的揣测，反过来又带出了我们自己最大的恶意。

说不定，其他学科信奉的行为理论也以类似的方式影响着从业者。例如，行为生物学的核心原则是，男性比女性更容易参与“额外配对交配”。年复一年地教授这一模型，会不会让男性生物学家更容易偷情呢？

几年前，我曾和一群生物学家聚餐，其间有一对夫妇。我把经济学训练似乎妨碍协作的研究描述了一番，然后问，有没有人做过研究，男性生物学者是否比其他科的学者更容易欺骗自己的伴侣呢？席间顿时出现了尴尬的沉默。我暗暗想，难不成我的问题正巧碰了个准？

要是说生物学家也跟经济学家一样，深受各自学科理论的影响，那么，两者至少在一个方面有所不同：生物学家最珍爱的假设怕是正投合法国人的脾性！

在竞争激烈的环境中，崇高的动机能否存活呢？生活在一个人人都尊重他人正当利益的世界固然美好，不少达尔文论者却说，自然选择的力量最终会让这种人走向灭绝。可为什么这种情况并未发生呢？我在下文中给出了一个简单的答案。

## 恪守道德的人是怎么存活下来的

运动员服用激素类违禁药品和企业财务舞弊的丑闻频频见诸报端，让人忍不住好奇：在一个竞争如此激烈的世界，诚实的人到底是怎么存活下来的？

制裁违法者显然有帮助，但很多时候，作弊被逮到并遭惩处的机会很小，可还是有许多人诚实行事，这又做何解释？

经济学分析暗示，在体育界，这个问题的答案有别于商业界。

乍看起来，鼓励作弊的因素似乎强化了这种行为的必然性，引得“人心不古”的悲观论调盛行。有些运动员服用类固醇，是为了获取不公平的优势；但证据显示，大多数人服用禁药，只不过是因为他们相信人人都在作弊。对这些运动员而言，不作弊反倒显得有失公平了。

企业行为失检根源于类似的复杂动机。毋庸置疑，有些作弊的人主要是出于贪婪和野心。但还有更多的人无非是不想落在对手后面罢了。

从达尔文主义的竞争逻辑出发，不管是在体育界还是商业界，诚实的竞争者（哪怕没人监管也不作弊）似乎难免绝种的下场。但这两个地方之间存在一种经常遭人忽视的重要差异。

在体育界，不诚实的参赛选手只有在被逮到并接受惩处时才会身败名裂，而这种情况又相对较少。可在商业界，哪怕作弊的人从来没被逮到过，往往也要付出代价。这不是显性代价，而是面对宝贵的机会却丧失了角逐资格。

要是一个企业管理者名声差，有关其作弊的传言多，就不太可能会晋升到需要信任的岗位上。举个例子，倘若企业主想到外地城市开办分公司，又不可能施以严密监督，他必然明白，只有委派诚实的管理者负责经营，投资才能获得高回报。

在这种情况下，不诚实的应聘者落败，不是因为他们被逮到并遭受了惩处，而是因为他们一开头就丧失了薪水优厚的好职位。这里重要的是，企业主必须有能力识别哪些人一贯诚实行事，哪怕作弊无从察觉。他们能办到这一点吗？

假设你刚刚听完一场演唱会回家，发现遗失了装在信封里的 5 000 美元现金。信封上写有你的姓名和住址。你觉得身边人——跟你没有血缘或姻亲关系的人里，有谁捡到这个信封肯定会还给你？

大多数人会说，身边确实有这样的人，大量的证据也支持他们的看法。曾有人做过一个信任实验，让一群短暂相识的陌生人预测同伴中哪些人更可能作弊。结果，他们指认出的人，其作弊概率比其他人高两倍有余。

对熟人的性格判断，应该比这更准确。倘若人在做企业晋升决策的时候，能足够准确地判断他人性格，诚实的应聘者抢先就抄了捷径，得以晋升到需要信任、薪资优厚的好岗位上。这就解释了为什么诚实往往是企业的制胜之道。

这种环境根本不同于体育界。假设有一种完全检测不出来的药品，能提高运动员的百米冲刺成绩。有一位公认诚实可靠的选手，明知道哪怕不会被逮到，仍然拒绝服用此药。虽说他这么诚实，却没有太大可能赢得比赛。

因为至少有一部分选手会选择作弊，诚实者输掉比赛的概率大增。退役之后，他或许能申请到一份需要信任的好工作，可这毕竟不能让他赢得任何一场赛跑。

信念很关键。如果人相信作弊不可避免，作弊的行为必然越来越多。所以，倘若职场上保持诚实并非一种失败策略，帮助人们意识到这一点是有好处的。当然了，仅仅因为诚实的人有望在竞争激烈的商业环境下胜出，并不能保证他们一定胜出。在各个领域，我们还是需要严格的规则和制裁，加强对不当行为的监管。

即便如此，事情也不像许多人想得那么糟糕。说到成功的标准，喜剧演员乔治·伯恩斯（George Burns）曾经说过："你必须诚实。哪怕是装，也要装得像。"毫无疑问，老板有时候会遭到欺骗，但假装诚实说起来容易、做起来难。老板大多对下属的性格有个很清晰的认识，知道需要信任的岗位上该指派谁。

在商业界，样子诚实具有极大优势。而获得这一优势的最佳途径，就是真正保持诚实。

有证据清楚地表明，哪怕破坏规则根本不会遭到惩罚，许多人仍会选择做正确的事。设想有这么一个世界，人人都如此行事，人人都本性诚实。那么在这样一个世界里，出门不锁门是否妥当呢？在小布什的第一个总统任期，我探讨了这样的情况：倘若人人都知道违反道德规范的人不会受到惩罚，我们目前观察到的诚实行为为什么会难以为继？

## Q 如果人基本诚实，惩罚还有必要吗

从小布什任得克萨斯州州长时处理污染问题的方法，到他担任总统时处理企业渎职行为的手段，我们可以看出他的一贯口号是："自觉遵守。"比如，2002 年，他反对在企业欺诈法中新增严格的刑事制裁条款，为此，他解释说，尽管严格的法律有帮助，"从根本上看，美国企业的道德还是取决于企业主的良心。"

法律规范人的行为的确有着局限性。官员尝试鼓励民众做正确的事，无疑是积极举动。但光是强调自愿遵守，同样有着不利的一面，因为它忽视了社会强制措施扮演的一个重要角色：为了公众的利益限制狭隘的自利行为。没有这些措施，那些自愿遵守的人就必然要扛起不公平的负担。

诚实的企业高管在权衡如何报告公司收入时面临的各种影响因素，阐述了这一难题。他们知道公司财务报表上的不少数据都牵涉到主观上的判断。比方说，有些数据以对未来的估计和预期为基础，有些又使用了不完善的模型，为非市场资产赋予了货币价值。故此，在任何一家企业，收入估计出现大幅偏差，都能找到说得过去的理由。

问题来了：企业为将来发展提供资金的能力，在很大程度上取决于它当前的报告收入跟竞争公司相比如何。毕竟，资本市场正是从这一基础出发推断企业成败的。要是企业报告的当前收入较低，股价往往会大幅下跌，提高了这些企业将来失败的概率。在这样的环境下，站在悲观或严格中立的假设基础上计算公司收入，哪怕是最谨慎的高管也会觉得这说不过去。可以预见，大多数其他公司都会在合理范围内对收入做出最乐观的估计，故此，不这么做会危及公司的发展前途。

更糟糕的是，这种局面不稳定，因为究其本质，什么样的会计判断标准可以接受，是由大环境背景所决定的。倘若所有的公司都提交

乐观的收入报告，这种报告就逐渐成了“正常”报告。届时，哪怕是最谨慎的高管也将面临在报告中大幅提高收入的压力，这又为其他公司进一步弄虚作假创造了空间。

考虑到这样的情况，再加上企业生存之战牵涉到的大量因素，政府有必要加以谨慎监控，并严厉惩处违规操作行为。要求人们放弃以不当手段获得的收益是一回事，要他们在经济上自杀就完全是另一回事了。由于许多竞争公司虚报收入的手法比不过世通公司( WorldCom )，它们中很多受了损失，甚至破了产（要不是因为电信行业的收入突然暴跌，世通公司至今恐怕都还高高翱翔在天际呢）。

市场上的其他各种渎职行为，都可以套用类似的逻辑。要是运动员靠服用类固醇战胜对手，而且不受惩罚，很多人都会这么做；要是纳税人可以虚报免税额又不受惩罚，许多人都会这么做。这些行为迫使他人也采取相似做法，反过来导致了行为标准的变化。

如果我们希望人为了公共利益克制自己，那么，我们必须要求当事人做出一致的牺牲。然而，要求运动员不服用类固醇，却不对违规者加以有效的惩戒，就等于是惩罚自觉者，奖励违规者。要求纳税人如实申报，却不对申报数据做稽核，就等于是减少了不诚实纳税人的有效税率，提高了诚实者的有效税率。

在新版企业欺诈法中增加刑事制裁条款，美国国会做得很明智。美国职业棒球大联盟最近考虑在类固醇禁令中新增随机抽查、严厉处罚违规者的条款，也做得很明智。大幅裁减国税局职员，削减税务局预算，使得税务稽查率较之 1996 年降低了一半以上，这种做法是否明智，还得三思。

亚当·斯密本人很清楚，市场中看不见的手并不总能为所有人带来最大利益。当个人和社会利益出现矛盾，光呼吁民众自觉遵守还不够，还需辅以有力的惩处措施。诚如里根总统所说，“信任，但也要查证”。

2008 年总统竞选活动期间，很多人谈到为什么人们自愿为总统竞选付出时间和金钱。标准的经济解释是，通过政治捐赠，会获得工作和合同。可它显然无法说明，为什么还会有数百万民众寄出小额捐款，不指望获得任何报答。

## 为什么肯尼迪“不要问……”的口号深得民心

传统的经济模型假设，人在狭义上都是自利的。倘若“经济人”，即模型里的典型理性行为者，在路上捡到一个钱包，他一定会把里面的钱揣进自己兜里。他不会给不再光顾的餐馆留小费，也从不参加总统选举投票，更不会匿名为选举活动捐款出力。

这种态度源自所谓的“搭便车问题”（Free Rider Problem）[①]，这是理性选择论的一大基石。曼瑟尔·奥尔森（Mancur Olson）在经典之作《集体行动的逻辑》（*The Logic of Collective Action*）一书中阐述过这个问题：就算民众跟总统候选人的政治目标相同，在竞选活动中捐钱出力也不会给他们什么重要的物质利益。毕竟，依照法律，现金捐赠最多不可超过 2 300 美元，所以，就算捐了最高额，也不可能对选举结果造成什么影响。同样道理，参加竞选活动的志愿工作者，哪怕他出力为自己支持的候选人拉到了成百上千张选票，也不可能因为选举获得什么好处。

尽管搭便车问题的逻辑看似有着很强的说服力，人们的行为却跟它的诸多预测形成了截然对比。例如，2008 年 1 月，奥巴马在总统选举活动中共获得超过来自 250 000 人次、总计 320 万美元的捐款，帮他竞选的志愿工作者更是不计其数。其他竞选活动也因为支持者们主

① 常指宏观经济学中的公共品的消费问题，指一些人需要某种公共财产，但事先宣称自己并无需要，在别人付出代价取得后，他们就可不劳而获地享受成果。——译者注

动把狭义自利踢到一边，获得了类似的好处（当然，可能不如奥巴马这次来得声势浩大）。

自利模型的死硬鼓吹者有时会反驳说，因为主动参加竞选活动，志愿工作者们收获了各种个人利益。比如，他们经常碰到有意思的人，或者知悉了诱人的就业机会。至于巨额捐献者，要是他们支持的候选人胜出，说不定会得到驻外大使或其他重要职位作回报呢。

说得没错，而且很适合形容那些竞选经费“打包工”，即从亲朋好友处筹措到数十万美元的捐款人。可还有数以百万计的小额捐款人又是怎么回事呢？那位南卡罗来纳州的老妇人，给自己支持的候选人寄了 3.01 美元，显然没指望来年 1 月总统会指派自己当驻英大使。有的志愿工作者在家为其他选民提供电话咨询，或负责其他没什么社交机会的任务，他们又是贪图的什么呢？

从传统自利模型的角度出发，这种行为相当于地理学上绝不可能发生的“河水逆流”现象。可人们常常热切地渴望参与一些超越自身的宏大活动，而且它也并不仅限于政治领域。比如，我们经常看到体育迷们罔顾成本效益计算的标准，摇滚乐队的歌迷们也一样。

游走于经济学、心理学、社会学及其他学科交汇地带的研究人员对集体行为的反常本性提出了一些有趣的看法。普林斯顿高等研究所的经济学家艾伯特·赫希曼（Albert O.Hirschman），是首批严肃研究此类现象的学者之一。1982 年，他在《转变参与》（*Shifting Involvements*）一书中承认，利己主义在某些时代的确是支配性人类动机。随着时间的流逝，不少人积累了越来越多的物质，但同时开始体验到失望感。每当消费标准提高，人们必须更辛勤地工作，才能勉强维持当前的地位。压力增加，人们越发不愿向公共领域贡献资源，情况一步步走向恶化。可在这样的大背景下，有觉悟的消费者也更容易接受来自社会运动组织者的呼吁。

最终，引爆点到了，赫希曼说。越来越多的人放弃了对个人利益的拼死竞争，把精力投入集体目标当中。搭便车问题无法再阻止他们，不光因为他们减少了为个人消费赋予的价值，也是因为他们从献身公益事业中找到了满足感。如此一来，自利模型认为是成本的东西，公益积极分子们却认为是好处。

按照赫希曼的说法，类似的心理动态左右着集体行动的追求。有时候，支持者数十年如一日地投身某一社会运动，可到了某个时刻，他们开始变心了。这种现象的原因之一大概是，界定高尚行为的标准随着社会环境发生了变化：积极寻求公民道德的人越来越多，靠参与志愿工作很难再赢得道德上的赞许。部分受挫的志愿者放弃了社会运动，转而追求个人利益，剩下的追随者也感到了压力，想要半途而废。到了这个点上，整个循环又从头开始。

赫希曼对美国 20 世纪的社会运动进行了一次非正式调查，他得出结论，这类循环的平均持续时间是 20 年左右。也有的时候，某一模式的重现周期更长。

不少人认为，民众对奥巴马呼吁全民参与的态度，跟 20 世纪 60 年代约翰·肯尼迪总统发起类似呼吁时一样。那时也有许多经济学家满心怀疑。比如诺贝尔奖得主米尔顿·弗里德曼（Milton Friedman）1962 年写了《资本主义与自由》（*Capitalism and Freedom*），开篇就引用肯尼迪在就职典礼演说中的著名段落："不要问国家能为你做什么，要问你能为国家做什么。"弗里德曼觉得这个说法真是莫名其妙，这绝非"自由社会中自由公民值得奋斗的理想"。

"自由的人，"他写道，"既不会问国家能为自己做什么，也不会问自己能为国家做什么。"

奥巴马参加总统竞选所掀起的热潮，似乎给某些经济学家带来了同样的困扰。面对为公共利益做出牺牲的倡导，尽管经济人无动于衷，现实情况却是：许多人深受感动。

自利显然是一项重要的人类动机，大多数时候，说它是最重要的动机也不为过。但它从来不是唯一重要的动机。至少在历史上的某些时刻，狭义的自利模型完全没看清故事真正的来龙去脉。如今恐怕正是这样的一个时刻。

一方面，制药公司捐款数百万美元资助参、众两院议员的竞选活动；另一方面，两院议员正在为一项禁止政府代表医保用户谈判，获取打折处方药的法案投票。两相对比，潜在的利益冲突昭然若揭。“好政府”论者一直呼吁，政治竞选应使用公共财政经费，以便消除此类利益冲突。下面我将解释为什么这种方法在美国的“宪法制约”条件下不可行。

## 法律能遏制政治献金的腐败影响吗

奥巴马宣布，他拒绝在总统竞选活动中使用公共财政经费。此举招来了各方的猛烈抨击。连一部分最热心支持者都批评他，说他为了获得资金优势放弃了“好政府”的理想。

但批评意见忽视了一个重要事实：上述竞选经费改革方案，为宪法第一修正案所禁止。从这一点来看，奥巴马在竞选中使用的方法，或许是限制金钱对政治腐败影响且具有现实可行性的唯一途径。

许多“好政府”主义的拥护者说，他们支持竞选使用公费，因为竞选支出太过浪费。确实如此。毕竟，竞选支出的幕后动力，跟军备竞争是一个道理。军备竞争累积起无数威力越来越大的武器，造成了特大规模的浪费，相比起来，竞选支出的浪费就微不足道了——最多只相当于国家收入中 1% 的一点点。支出本身不是问题。竞选经费改革更站得住脚的理由是：预防利益冲突给国家及民众带来恶法与糟糕政策。

即便当前的竞选经费法案通过，政客们仍然会碰到同样的冲突问题。例如，很多议员都接受过来自医药公司的竞选捐款。与此同时，这些公司从处方药物保险计划法中获得了数百万美元的额外利润——该法案禁止政府代表医保用户谈判，获得打折处方药。

大部分接受医药公司捐款的医院否认存在利益冲突，说自己支持保险计划法是因为它符合公众利益。不足为奇——很少有人愿意承认，面对利益冲突时自己会有多么脆弱。但我们很容易察觉别人受了利益的引诱，这就是为什么一直以来，各方都在呼吁立法限制金钱在政治中扮演的角色。

然而，法律要从细节上看。不管是《联邦竞选法》(1974 年水门事件后修正)，还是 2002 年的《跨党派竞选改革法》(也叫作《麦凯恩 - 法因戈尔德法案》[*McCain-Feingold*])，都碰到了无数来自宪法第一修正案的挑战，其中许多悬而未决。最高法院认为，对接受公费的候选人，限制其捐款和支出额度是合法的，但对独立的政治倡导团体施以同类限制则不合法。

由于在美国的宪法传统中，政治表达具有极为神圣的地位，法庭对第一修正案的关注是不会消失的。在政治竞选中有效地表达个人意见，金钱是必不可少的。所以，法律不可能既消除金钱对政治的影响，又不妨碍参选者向公众表明自己的政治观点。与此同时，最重要的是防止捐款者违背公众信任，收买法律和政策。

现实很残酷：言论自由和“好政府”是一对存在冲突的目标。一定要选的话，最高法院一定会站在言论自由这一边。罗伯茨法官最近做出的裁决就透露出强烈的此倾向。

这就是 2008 年选举活动的重要背景。尽管早有《麦凯恩 - 法因戈尔德法案》，可在宪法第一修正案的限制下，我们不可能对竞选支出施以有效的法律约束。然而，随着这一年的渐次展开，奥巴马指明了一条新的道路：依靠个人的小额捐赠，他不仅在竞选经费方面保住了竞争力，还打破了筹款记录。

这是一项重大转变，它表明选民手里掌握着扭转局面的力量。对他们来说，要想避免候选人受巨额捐款者的收买，法律只需规定对竞选捐款人充分曝光即可，这样的举措并不会对宪法第一修正案造成威胁。

奥巴马的筹款总额，出乎了许多观察家的意料。毕竟，传统经济模型暗示，靠个人小额捐款支撑的竞选活动走不了多远。依照这些模型，竞选活动的命运如何，跟任何小额捐款都没有关系，没有哪个捐款人能影响到最终结果。然而，众多的小额捐款人似乎并没有被这样的逻辑吓倒。

最近几十年来，尽管通过了竞选经费改革法，大捐款人的政治献金依然呈爆炸式增长。由于市场竞争趋于白热化，企业面临着越来越大的压力，希望朝对自己有利的方向扭曲游戏规则。靠着不懈的努力，企业方面取得了诸如处方药物保险计划法、“安然漏洞”和金融行业取消管制等胜利。但公众往往付出了沉重的代价。

诚然，奥巴马的竞选活动丝毫没有缩小竞选预算的规模。小额捐款可以成功地维持竞选活动，亦不足以保证“好政府”主张能大获全胜。魅力超凡的暴君说不定是个筹款圣手呢。当前的竞选经费法允许公费竞选，但并未对此做出刚性规定。故此，它并不能预防这样的暴君出现。

然而，奥巴马竞选筹款成功的事例表明，对于拿不出证据证明自己拒收了巨额私人捐款的政客，只要有足够多的人愿意对其加以抵制，选民就能消除近几十年来败坏美国政治的根本利益冲突。碍于宪法第一修正案的限制，《麦凯恩 - 法因戈尔德法》和其他竞选经费法反倒无法做到这一点。

## 人类的自私天性

如果要我总结经济学的基石，我首先想到的，是它的质朴与谦卑；不夸耀，不轻浮；它首先从经济人的假定来出发。但是，同样打动我的关于经济学的一句话是：经济学中的经济人假定从最卑微的起点出发（人类的自私天性），所求的却是人类最大福祉的梦想（资源的最为有效的配置）。只不过这个假定只是起点，只是假定。

动机是行为的内核，行为是动机的躯壳。人性善恶是先秦诸子争论的主要问题之一。而现代西方经济学抛弃这一争论，直接将“经济人行为的动机是自私自利的”作为一切经济学分析的根本前提。然而，当认真观察社会各种人的行为，进而考量他们的内在动机时，我们可以清晰地发现，这个世界很多人行为背后的动机并不自私自利，他们也还能活得很好。想想周围的同事，并不是每个人都靠各种潜规则、“兴奋剂”才取得成功。也就是说，某种程度上，中性论者甚至利他主义者往往能在这个社会上取得更大成功。

论及动机，弗兰克首先肯定了教育对人类行为的重要影响。他指出，西方经济学中狭义的自利模型怂恿我们对其他人做最恶意的揣测，反过来又带出了我们自己最大的恶意。然而，他认为，在商业界，由于诚实的应聘者抢先就抄了捷径，得以晋升到需要信任、薪资优厚的好岗位上，所以诚实往往反倒成为企业家的制胜之道。因此，样子诚实具有极大优势。而获得这一优势的最佳途径，就是真正保持诚实。

我国历史上以德治国与以法治国曾经有过长期争论，德治重在扬善，法治则功于抑恶。整个秦汉以来的中国史，都是外儒内法，或表以德治、实重法家。正如弗兰克所强调的，光是强调自愿遵守，同样有着不利的一面，因为它忽视了社会强制措施扮演的一个重要角色：为了公众的利益限制狭隘的自利行为。没有这些措施，那些自愿遵守的人就必然要扛起不公平的负担。

当我们关注海峡对岸因为政治献金而带来的种种腐败和闹剧时，同样在美国一直存在的选举捐款则相对运转较为平稳。弗兰克通过奥巴马选举成功的案例指出，当一个社会有足够多的不那么“自私自利”的选民存在的时候，即使最赤裸裸的选举捐款带来的利益冲突也能得到有效地解决。

# 03

# 金钱与幸福

The Economic Naturalist's Field Guide

- 人的欲望无止境吗
- 幸福是唯一重要的福利指标吗
- GDP 是衡量经济福利的合理指标吗
- 我们需要更大的汽车，还是更好的学校
- 为什么金钱频受低估

若对功利主义追本溯源，最早可引申至古希腊哲学家伊壁鸠鲁身上。但它的当代形式出现在18世纪英国哲学家杰里米·边沁（Je-remy Bentham）的著作中。边沁认为，正确的行动路线，必然是对所有人愉悦度与痛苦度最佳权衡的结果。打从那时起，经济学家就用“效用”这个词描述个人与社会最大化追求的东西。“幸福”这个词一般是与积极的情绪感受联系在一起的，而“效用”则是一个更宽泛的概念，用来比较不同的结果。故此，倘若有两种情境，人或社会倾向于其中之一，那么此种情境就比另一种能带来更高的效用。尽管效用和幸福并不随时挂钩，但存在很强的相关性——这并不出奇，因为大多数人都喜欢幸福，不愿承受不幸。

不少经济学家理所当然地认为，选择揭示了偏好。比如，煎牛排与炸鸡价格相同，顾客选择了前者，由此可以证明该顾客认为牛排能带来更高效用，至少在该场合下是这样。这种框架似乎有助于解释为什么较之其他社会学者，经济学家对“自由意志论”表现出了更浓厚的兴趣。

自由意志论相信，人总是很清楚哪种选择最适合自己。很多经济学家认为，最大化总效用的最佳途径，就是给人尽量多的钱，让他们随心所欲地花销用度。又因为效用和幸福一般是联系在一起的，效用得到了最大化，应当也能使幸福得到最大化。

这一套理论在经济学家看来是再明显不过的了，所以，直到前不久，还几乎没有同行想过要研究一下幸福与收入之间的关系。但近年来，这种联系日渐吸引了越来越多学者的关注。至少，目前积累的证据显示，对于如何支配收入，人们并不总能做出明智的决定。所以，很多人公开质疑：收入更多到底能不能让人更幸福。

带动收入 - 幸福关系研究的另一个因素在于，经济学家日益认识到，对个人而言合理的决策，加在一起产生的组合效应往往并不能为个人所属的群体带来合理的结果。比如，在鸡尾酒会上，你与人交谈，对方听不清。对你而言，提高说话音量合情合理。然而，要是所有人都提高了音量，整个环境的嘈杂度随之增加，要听清楚反而比从前更难了。

本章指明了金钱与幸福在各个方面的联系。最先阐述类似观点的是 20 世纪公认的最睿智的经济学家凯恩斯。他认为，在迫切的物质需求未得满足之前，收入关系着幸福。若 20 世纪生产力迅猛发展的势头在将来一段时间内得以保持，他担心到了自己孙子那一辈人时，会出现想方设法填补人生空虚的情况，因为那时候的人说不定每周只工作几个小时就能满足基本需求。可是，尽管生产力的发展速度诚如他所预测，他的担忧却全无必要。

## 人的欲望无止境吗

两个多世纪来生产力的迅猛发展，使得美国的生活标准比 1790 年时翻了 40 多倍。1930 年，凯恩斯写了一篇文章，名为《我们子孙后代的经济可能性》。他料想，如此高速的生产力发展，恐怕会改变我们的生活。跟同时代的许多伟大思想家一样，凯恩斯认为，未来的人很难填满自己的一天，因为只需一丁点儿的工作时间就足够达到基本的物质需求了。

现在看来，这样的担忧实在很滑稽。20 世纪 30 年代以来，生产力的发展更加迅猛了，可人们还是照常辛苦地工作。

凯恩斯是 20 世纪影响力最深远的经济学家，他怎么会做出如此离谱的预测呢？兴许是因为他忽视了一点：人类的欲望恐怕是无止境的。然而，其实他清楚地考虑到了这一点，只是打心眼儿里拒绝承认罢了。

故此，他写道，人类的需求分为两种：基本（或绝对）需求和相对需求。基本需求跟其他人没有关系，相对需求则是“唯有当它们带来的满足感抬高了我们，才会让我们觉得自己优于同伴”。

凯恩斯认为，尽管根源于优越欲望的相对需求是无止境的，但基本需求并非如此。又因为他觉得基本需求远为重要，故此得出结论说：“很快就会到达一个临界点——兴许快得超出我们想象，当基本需求得以满足，我们会乐于把更多精力投入到非经济目的上。”

总支出里只有很小一部分是受炫耀欲所驱动的，在这一点上，凯恩斯说得完全正确。然而，他把这种欲望看成是无止境需求的唯一来源，这就错得离谱了。

支出决策同样是受质量感驱动的，这种欲望并无止境，但质量天生是一种相对概念。比如，凯恩斯时代一辆人人都认为提速超快、操作可靠的汽车，到了今天恐怕会被当成蹩脚货——哪怕无心跟邻居攀比的人也会这么看。

经济学家的汽车质量需求数学模型并没有考虑对比因素：一辆车的特性跟同一环境中其他车辆比较起来如何。在人们眼中，这种对比中得分高的车就等于拥有出众的品质，消费者愿意为它多花钱。从纯粹的数学角度来看，这样一种模型在本质上与不光追求绝对质量，还希望胜过他人的模型完全一样。

然而，这两种描述带给人的主观印象相去甚远。追求绝对质量的是明智的买家，炫耀优越感的则是蠢蛋，是社交低能。这种人有倒是有，可我们大多数人大多数时候都会想方设法地回避他们，暗示他们的绝对人数其实并不多。

对质量的感知影响着几乎每一种产品的需求，连食品等基本商品也不例外。一对夫妇外出去餐厅共度结婚纪念日，恐怕脑子里绝不会出现要胜过他人的念头。他们的目标无非是吃一顿有纪念意义的饭罢了。可一顿有纪念意义的饭，是一个相对的概念。它必须是比其他日子吃得更好的一顿饭。

故此，“一顿有纪念意义的饭”的界定标准是颇有弹性的。几年前，我和妻子住在巴黎，和美国来的一些有钱朋友出去吃晚餐。我们选的餐馆名声很好，按我们的标准来看也不便宜。我跟妻子吃得开开心心，朋友们却觉得挺失望。我想，他们绝不是故意想让我们难堪。可他们因为高收入的缘故，习惯了享受标准更高的饮食。

质量标准的提高并没有明显的限制。例如，在伦敦的高档餐厅思凯齐（Sketch），两个人吃顿饭轻而易举就能花掉 500 美元，哪怕你点的是最便宜的红酒。在凯恩斯时代，没人会为结婚纪念日花上这么多钱吃一顿饭。但倘若生产力继续发展，好好吃一顿的价格比这翻上两番，也只不过是个时间问题。随着我们逼近现有质量标准的最高档次，一丁点儿微不足道的改善都会极为昂贵。

比如，就在前几年，人们还认为保时捷 911 Turbo 是市面上最出色的跑车。它的售价高达 120 000 美元，操纵感无与伦比，提速性极佳。

到 2004 年，保时捷提高了门槛，推出了 Carrera GT。它的操纵感稍稍强于 Turbo，0 ~ 60 英里的加速度仅为 1/5 秒。真正的爱车人士觉得这些小小改进简直妙不可言。然而，要拥有它们实在代价不菲呢：Carrera GT 的价格差不多是 Turbo 的 4 倍。

凯恩斯把胜过他人的内心欲望划归到“贪得无厌的需求”一类，并将之边缘化。可追求更佳质量的欲望，同样没有天然的界限。凯恩斯等人错误地幻想一个星期工作两个小时就能让我们买到所有想要的东西。这样的情况现在并未出现，将来也绝不会出现。

很多研究幸福的文献发现，当收入随着时间增长，测量所得的幸福程度却并未出现太大的变化。虽然近年来的研究对此提出了挑战，可还是有不少人认为，这意味着对已经实现了高水平人均收入的国家来说，经济发展不再是重要的目标。这种结论是站不住脚的。

## 幸福是唯一重要的福利指标吗

金钱能够买到幸福吗？坊间论述“主观幸福”的文献日渐繁多，它们似乎对这个永恒的问题做出了否定的回答。比如，一直以来，研究总是发现，倘若社会中全体公民的收入随着时间而增长，使用传统指标衡量出的幸福感就会少有变化。

经济发展论的诸多批评者认为，这一发现暗示着发达国家不应该继续以发展经济作为政策目标。他们说，倘若金钱能买到幸福，那么，相对收入比绝对收入更为重要。随着收入的增长，人们很快适应了新环境，在可测幸福感上的增益并不持久。批评者们勉强承认，在低收入国家，收入增长给穷人带来了更多的幸福，可在发达国家不是这样，处于社会底层的人继续承受着相对的匮乏感。

说得一点儿也不错。但这些说法并不意味着对富裕国家来说，经济发展不再重要。归根究底，幸福和福利固然有关，实际上是完全不同的两样东西。经济发展了，我们才能更深入地进行医学研究，从事其他明显有助于提高人类福祉的活动。这些活动对可测幸福度是没有太大影响的。

主观幸福感( Subjective Well-Being )[①]一般是用问卷调查来测量的，问卷上提出一些类似"考虑到各方面的情况,你对现在的生活有多满意"的问题。人们的回答蕴含着丰富的信息量，往往并不随着时间发生变化，而且跟他们的朋友对他们的评价高度相关。积极的自我评价与表明心理健康的行为有着极强的联系。故此，具有高度主观幸福感的人，往往更容易跟朋友进行社会接触，更容易回应来自陌生人的协助请求。和其他人相比，他们遭受心理疾病折磨、寻求心理咨询或尝试自杀的可能性较低。

简而言之，主观幸福感的自我评估告诉了我们一些有关人类福利的重要情况。可我们不能仅仅因为这些情况并不因时而变，就怀疑发展经济没用。

依照心理学家的研究，人类动机体系的目的不在于让人感到幸福，而在于激励人采取有助于实现成功的行动。这种体系必须灵活、适应性强才能保证效果，而它恰好如此。比如，后天残疾的人往往在事故发生后陷入深深的沮丧情绪，但适应起来大多快得惊人，过不了多久，他们的心情就跟事故前差不多了。赢了彩票的人也总是在中彩之后陷

① 指人们对自己生活质量所做的情感性和认知性的整体评价。——译者注

入狂喜，同样是过不了太久就形容说心情恢复如常了。

由于生活是一场持续的竞争奋斗，它本来就该是这样。能从消沉心态中很快复原的事故受害者，比那些因为不幸而一蹶不振的人更能有效地应对新环境。很快恢复贪婪欲望的彩票赢家，比那些沉湎于自得的人更能有效竞争。

一位从大屠杀中幸存下来的人曾对我说，他能在集中营活下来，是因为保持了两种截然不同的心理空间。一方面，他清楚地知道自身处境下那种无法言说的恐惧；另一方面，生活似乎一切如常。在第二层空间，每一天都展现了不同的挑战。有些日子，他能相对成功地应对这些挑战，这使得他感觉跟从前的好时光差不多。这位幸存者解释说，要想生存，必须在第二层空间尽量多花时间，少在第一层空间钻牛角尖。

这些观察资料突出了以主观幸福感作为福利指标的弱点。人们很快适应了或好或坏的新环境，并不是大脑动机系统的标志性功能。截肢的患者还跟从前一样开心，并不意味着他如今的身体条件不曾减少了他的福利（或幸福）。实际上，许多适应良好的截肢患者说，倘若能重新行动自如，他们甘愿承受死亡的风险做手术。同样道理，人们很快适应了较高的收入，跟经济发展是否让他们过得更好没关系。

批评经济发展论的人说，它威胁到了地球的生存。可是，并不是所有的发展都在威胁地球的生存，而只是很小的一部分罢了。多开SUV会污染环境，但多上几节钢琴课却不会。在任何一个国家，只要政府不跟企业利益打得火热，都能够轻易通过税收和法律限制污染环境的活动，将支出引导到真正有益的事情上。纵观经济发达国家，较高的经济发展率其实带来了更清洁的环境，而非相反。美国是世界上温室气体排放量最大的国家，不是因为它最富裕，而是因为它未曾在此方面加以限制。

可持续的经济增长还以大量其他重要方式提高了人类福祉。例如，经济学家本杰明·弗里德曼（Benjamin Friedman）曾在《经济增长的道德后果》(*The Moral Consequences of Economic Growth*)中指出，收入增长更迅速的国家，往往会更加慷慨大度地扶持社会最贫困的成员。发展亦推动了对职场安全的不懈投入，每年减少成千上万起重大安全事故。因为经济的发展，人们有了更多陪伴家人的时间。

但经济增长最醒目的一点作用，还在于它大幅减少了儿童的早逝率——幼儿的夭折，恐怕是最具破坏性的人生惨剧。1800 年，倘若一个美国家庭育有五名孩子，那么其中两三个都可能会在 10 岁之前夭折。如今这一幕再也不会上演，这本身就是标志性的巨大社会成就。

明智管理的经济发展，将加快人类抗击疾病的步伐，让人不会再早早地染病而逝。收入的提高固然不曾带动自我评估的幸福程度，但我们并不能因此就放弃这一伟大的追求。

测量的内容和标准影响着人的所作所为。在教育界，批评“有教无类法案”的人士提出证据说，该法案以标准化考试的分数为重，令教师忽视了其他难于衡量的重要技能。其实，只根据国内生产总值（GDP）衡量经济成功的单向度做法，也带来了类似的问题。

## GDP 是衡量经济福利的合理指标吗

GDP 是衡量经济发展应用最广的指标。依照传统的看法，一国的 GDP 增长迅速，叫作经济成功；GDP 陷入停滞，叫作失败。

这种传统看法，长久以来为人争议。尽管人人都承认用收入衡量福利不够完善，但保守派经济学家往往侧重强调它的优点，自由派则更喜欢突出它的缺陷。

这一争论不仅事关哲学，在政策上也有着重要的牵连。近来的研究为两方面的某些论点都提供了支持依据。然而，如山的证据暗示，若收入不平等状况加剧（近年来的情况就是如此），以人均收入来衡量福利程度是不可靠的。

首先，简要介绍一下经济学家如何衡量收入：最常用的指标是GDP，即一个国家每年生产的所有最终产品和服务的市场价值。人均GDP就是GDP除以总人口。按2000年的美元币值，1998年的GDP是32 833美元，2006年是37 832美元。如此算来，美国人2006年购买的产品和服务的实际价值比1998年高15%。从纯经济角度来说，这是否意味着我们在2006年的生活要好过差不多15%？

不一定。要衡量生活标准的变化，还必须按通货膨胀进行调整。但诚如保守派强调，由于未能充分考虑质量进步的因素，传统的通货膨胀调整方法可能夸张了实际的通胀程度。

比如，现在的本田思域是一辆紧凑型小汽车，大小和1998年的中型雅阁差不多，它在各方面都比早期的雅阁好得多，售价却只稍微高一点点。由于汽车售价的通货膨胀调整只以相应款型的变化为基础，它夸大了购车成本的增加幅度——故此导致人均GDP低估了我们生活标准的相应提高幅度。

当然了，质量变化也并不总是正向的。1998年，要是你对医疗保险有问题，你可以跟真正的“人”谈谈；如今，你却只能陷入无穷无尽的自动语音回复中。不过，总体而言，较之10年前，大多数消费者恐怕还是更倾向于如今经济生活中丰富多彩的产品和服务。

倘若人们在价格普遍上涨时重新安排自己的支出模式，通货膨胀调整会带来更多的偏差。比如牛肉的价格比鸡肉涨了快两倍，人们一般会少吃牛肉，多吃鸡肉。传统的通货膨胀指标未能完全考虑到这类调整——故再次令人均GDP低估了生活标准的提高程度。

反过来，自由派人士则反对说，GDP包含的不少支出反映出我们的生活标准在下降。犯罪率上升，人们花更多钱购买防盗警钟，显然不是生活标准进步的象征。类似地，从前在家完成的任务，现在更多地是从市场上买，比如时间压力大的父母没空在家做饭，只好到快餐店购买替代食品——这也跟生活标准进步无关。

GDP 中包含这些支出所造成的偏差，作用方向恰好和因通货膨胀调整欠精确所造成的偏差相反。两者大致上可以互相抵消。

此外还有一个更大的问题，它对人均 GDP 与经济福利密切联系这一基础假设提出了挑战。这便是传统经济模型中“绝对收入水平是个人幸福度的主要决定因素”的看法。

这种看法跟调查研究所得的结果存在矛盾。研究发现，倘若每个人的收入都以相同的速度增长，则幸福感的平均水平保持不变。但不管什么时候，平均来说，富人总是比穷人更幸福一些。综合到一起，上述发现暗示，相对收入比绝对收入更适合预测幸福感。

第二次世界大战后的 30 年，幸福和收入分布的关系并不是什么大问题，因为当时所有人的收入都按相同的速度在增长。然而，自从 20 世纪 70 年代以来，收入增长几乎完全集中在高收入群体。这一变化在人均 GDP 中完全无法体现，因为人均 GDP 只反映了平均收入的变化。

在衡量典型家庭的经济福利时，一般是以中间家庭的收入为观测点。1973 年以来，人均 GDP 增长了近 85%，而中间家庭的收入增幅不到此数的 1/5。故此，收入增长的变化模式导致人均 GDP 过度夸大了过去 30 年里典型家庭生活水平的改善程度。

部分经济学家甚至还进一步论称，至少在发达国家，绝对支出和幸福之间没有关系。近年来的研究工作显示，在幸福和相对消费关系最密切的支出类别中，情况尤其如此。比如，富人在豪宅上、在孩子的庆生会上花的钱越来越多，只不过是对何为适度做了重新定义，丝毫无助于提高幸福感。

证据还显示，高收入阶层花钱如流水，给中产阶级造成越来越大的支出压力。故此，一旦所有人都在面试服装上花更多的钱，工作还是会落入跟从前相同的应聘者手中。

然而，在其他不少类别中，较高的绝对收入水平明显能提高幸福度，哪怕在最富裕的社会也一样。本杰明·弗里德曼发现，较高的 GDP 增长率，不仅跟社会宽容度的提高有关，还跟公众对贫困人口扶持水平的提高挂钩。较之贫困国家，富裕国家大多环境更清洁、人口更健康。

人均 GDP 并非一项完善的经济福利指标，早已不是什么新闻。近年来的研究工作只不过是更清楚地发现，它的弱点比我们先前预料的更严重。

尤其是在最近几十年经济不平等状况加剧的条件下，人均 GDP 就更不足以说明问题了。一个渴望改善这种局面的社会，需要更准确的指标来衡量进步。

下面，我将探讨收入与幸福的关系在税收政策方面有什么样的含义。要是能保住最大限度的税前收入任意支配，人们会更幸福吗？根据反政府的保守派意见，这个问题的答案太明显不过了，根本没有问的必要。然而，从最可靠的证据来看，断绝公共领域的资金，恐怕并不能为最大多数人创造最大程度的幸福。

## 我们需要更大的汽车，还是更好的学校

主张减税的人占据了道德上的制高点。众议院筹款委员会主席比尔·阿齐（Bill Archer）说："华盛顿得把额外的税钱还给那些纳税的家

庭和工人，这是一个原则问题。”

为推动国会贯彻现行减税措施，阿齐先生和其他支持者指出，私营领域花钱总是比官僚用钱负责任得多。

乍看起来，这种说法颠扑不破。五角大楼那价值 7 600 美元的咖啡机固然是特例，可私营消防公司几乎总能用公立消防队一半的成本，提供同样可靠的保护。

尤其增加减税吸引力的一点是，尽管美国经济蓬勃发展，上百万纳税人还是感觉收入捉襟见肘。目前，支出比收入多 1.2%，去年，每 70 户家庭中至少有 1 户以上宣告破产。

可惜，减税者许诺的好处全是幻觉。减税会进一步恶化如今已经严重失衡的总体局面。

目前考虑的减税中有很大一部分都落到了 1% 最富裕的家庭上——在众议院的方案中为 45%，在参议院通过的方案里占 30%，他们的年收入是 300 000 美元以上。在过去 25 年，这些家庭的收入增长最为迅速，他们在奢侈品上的支出连创纪录。

兜里有了更多现钱，高收入群体必然会对更大的住房和汽车产生需求。一辆仅比福特征服者宽 3 厘米的 SUV，会需要特殊宽幅的示廓灯。而高收入群体的支出增长，总是会刺激其他群体额外花钱。

热心的减税支持者们会说：“那又怎样？要是高收入群体想把钱花在更大的房子和车上，国会有什么权力说三道四？如果中产阶级家庭买不起，他们为什么不能量力而为呢？”

但是，一个家庭面临的问题，其实跟军备竞赛参与者面对的问题没什么两样。它可以选择自己花多少钱，但不能选择别人花多少钱。要是中等收入家庭购买的住房低于平均水平，只好把孩子送到水平低的学校上学。购买不到平均体积的车，意味着在事故中丧命的可能性更大。人人都愿意少在炸弹或个人消费品上花钱，把钱花到其他紧迫的用途上，可只有人人都这么做的时候才有这个可能。

美国过去30年持续增长的预算赤字已经吞噬了许多基本的公共服务。在一个大家普遍比从前富裕的时代，星期天不开放公共图书馆，削减联邦对肉类加工厂的巡视，这真的有道理吗？不更换陈旧的自来水供应系统，听任它向将近4 500万美国人提供受有毒金属、杀虫剂和寄生虫严重污染的水源，这有道理吗？

尤为讽刺的是，减税实际上会减少美国人花在自己身上的钱。因为减税无法维修道路，不仅意味着不远的将来要花两到五倍的维修费，还意味着一辆车平均每年要花120美元的修理费，修补烂路造成的损害。

小政府主义者辩称，我们越是纵容政府多花钱，就越是会浪费钱。这固然不假，可倘若公共支出更高，政府能做的事情也就更多——不光有坏事，还有好事。

加利福尼亚州第13号提案概括了反对政府浪费一方提出的解决办法——把政府饿死了事。但加州人已经痛苦地意识到，这种办法就跟饮鸩止渴差不多。想当年，加州居民总是满怀骄傲——他们的孩子上的是全国最好的学校；如今，加州公立学校的辉煌不再，有些甚至成了全美最糟。

问题并不在官僚知不知道怎样最有效地支配我们的钱，而应该在“我们想花多少钱在公共服务上”。

当前的预算盈余可以用来恢复为我们带来良好价值的公共服务，也可以用来减税，进一步加剧当前愈演愈烈的消费潮。攻击政府浪费的口号已经喊了很多年，可惜它并不能帮助我们更明智地做出决策。

每年12月，《纽约时报》的“艺术与观点”版编辑总会请各色投稿人票选年度最受高估和低估的观点。前面有篇论废除遗产税的文章就是

我推荐的最受高估观点之一。下面我要说的是我评选的最受低估观点。

## 为什么金钱频受低估

心理学家报告说，人类幸福水平很少随着国家收入的增长而发生变化。不少社会批评家援引这一发现，坚称收入增长不再有助于提升人类福祉。

经验说的却是另一回事。很多年前，我还读研究生的时候，两个孩子尚在襁褓，妻子困苦不堪地对我说，咱们那台用了 10 年的烘干机报废了。那天晚上，我翻阅了无数分类广告，打了数不清的电话，第二天还开车出去查看了几台机器。最后,我相中了一台用了 5 年的“肯摩尔”牌烘干机，跟原主讨价还价了半天，终于开出了支票——那价格我们勉强承受得起。我开着朋友的卡车，穿过城区把它接回家，又开了 40 公里把报废的那台运到垃圾场。又过了 4 天，找了无数家修理店，我们才终于又有了一台能用的烘干机。

如今我的收入是当年的 10 倍多。妻子最近跟我说，咱家的烘干机报废了。我提议:“给家电商场打个电话吧。”当晚回家，旧机器没了影，新机器早已安装好开始用了。

金钱并不能保证幸福，可拥有足够的金钱，能为生活减少许多压力。

## 幸福是什么

幸福是什么？这是一个与“爱情是什么”同样古老的人类终极命题。罗素说，幸福永远是相对的，因为宝贵而珍惜，因为珍惜而幸福。老子说，幸福是合乎道，“无为而治”，顺其自然，不可强求。

毫无疑问，人类的幸福虽然有绝对量的成分，即人类为了生存需要最低生存条件，比如果腹的米面、御寒的衣鞋，但终究如罗素所言，是相对的因素。

在消费品的渗透过程中，有过所谓“赶上邻居”的说法。既然邻居用上了新款手机，我也一定要用上才行。人类注定是要比的。因为比，增加了不少烦恼，但是也使得百舸争流，群芳斗艳；因为比，后浪推前浪，滚滚历史洪流才向前发展。

问题是我们该比什么。人均 5 平方米的住房与 10 平方米的住房肯定差异显著，然而人均 500 平方米与人均 1 000 平方米呢？人类的欲望无穷，而地球只有一个。当我们已经解决了最基本的吃、穿、住、行等需求之后，更应该比的是如何提高全人类的整体福祉。比的是更清洁的环境、更完善的教育、更先进的医疗、更强大的科研、更优雅的艺术、更成熟的文化。

如果人类越发展，越成为套中人；越前进，越迷失于乏味的比拼，那么我们的前方将不是幸福的终点，而是整个人类共同的终点。

# 04

# 群体行为与群体性弱智

- 詹姆斯·杜森贝利是谁
- 为什么托马斯·谢林最重要的作品却不是最受认可的
- 为什么加尔布雷思 36 次被提名都得不到诺贝尔奖
- 米尔顿·弗里德曼真的是冷血动物吗

康奈尔大学的心理学家汤姆·吉洛维奇（Tom Gilovich）指出，倘若面对面地碰到一个听朋友多次提到过的人，大多数人都会颇为惊讶。吉洛维奇认为，在向朋友形容他人时，我们往往会夸大当事人与众不同的特点。这种描述并非不正确，可因为它是单方面的，容易让人误解。我们亲眼见到的人一般并不如传说中那么极端，比我们料想中正常得多。

名人退休、逝世、得奖，或经历其他重要转变时，也会出现类似情况。在事后评估当事人工作的重要意义时，职业评论员自然而然地会突出它最独特或极端的方面。是以，根据第一手信息熟悉那些工作的人往往觉得前述说法充满误导。每当看到有人评论我仰慕的学者的工作，我便会出现类似的反应。

即便如此，我仍然很喜欢阅读诸如此类的文章，并从中汲取宝贵的意见。不过，为《纽约时报》定期撰写专栏令我最享受的一点在于，这是一个发表自己观点的大好机会。近年来，我对所谓“知识社会学”的兴趣愈加浓厚，该领域着重探讨思想传播对社会和文化趋势的影响。本章我将回顾 4 位经济学家，我认为第三方对他们研究工作的评述存在相当大的误导性。

评论其中三位学者的时机，也恰好处在他们出现重大转变的当口——两篇文章写于当事人去世之时，另一篇则写于当事人摘下诺贝尔桂冠之时。第一篇文章提到的学者仍然健康在世，据我所知，他没有得过诺贝尔奖，也没有拿下其他重要的学术奖项。但在他的帮助下，一个我认为对理解消费者行为至关重要的观念得以确立。他深刻的见解，曾经一度是所有教科书的必讲概念，如今却已在主流经济学教材中消失无踪了。

## 詹姆斯 · 杜森贝利是谁

詹姆斯 · 杜森贝利（James S.Duesenberry）这个名字，大多数人恐怕都不怎么熟悉，除非你是个已届退休之龄的职业经济学家。事情本身倒没什么好奇怪的，因为他于 1946—1989 年在哈佛经济系执教时，作品主要以学术界为受众。真正奇怪的地方是，50 岁以下的大多数经济学家几乎完全没听说过杜森贝利先生。

说这件事奇怪，是因为他提出的消费者行为理论比 20 世纪 50 年代取而代之的理论明显要好得多——这跟常见的模式（老旧的理论为与证据更相吻合的理论所取代）恰好相反。从知识社会学的角度来说，杜森贝利从当代经济学教科书里消失，是一件发人深省的故事。

但它还牵涉到重要的实践意义。除非真正理解消费背后的驱动力（它在所有经济活动中占了 2/3），否则我们无从预测人们在面对减税或社会保障私有化等政策变动时会有什么样的反应。

**任何成功的消费理论，必须符合三项基本的模式：**

- 富人的储蓄率比穷人高；
- 收入的增长基本上不影响国民储蓄率；
- 短期而言，国民消费比国民收入更稳定。

表面上看，头两项模式互相矛盾：既然富人的储蓄率更高，那么人人都更富裕之后，储蓄率应该提高才对呀。可实际情况不是这样。

面对这一矛盾，杜森贝利解释说，贫穷是相对的。他认为，穷人的储蓄率较低，是因为其他人的高支出煽起了他们难以满足的渴望。不管国民收入怎样增长，这一难题始终存在，故此国民储蓄率并不与时俱进地提高。

杜森贝利在解释短期消费刚性时说，一个家庭不光要看他人的生活标准，还要回顾自己过去的经验。倘若一个家庭从前的日子过得红红火火，有着很高的生活标准，这便构成了难以下调的参考标准。故此，哪怕它处在衰退时期，消费水平也很少变化。

尽管杜森贝利的解释非常成功，不少经济学家却对他的相对收入假说[①]感到不舒服。对他们来说，这种看法更像是社会学、心理学，不像经济学。故此，一旦有了回避这些原则的替代理论，整个学科就立刻投入了它们的怀抱。米尔顿·弗里德曼的恒常收入假设即属此列，它迄今仍在支出研究中占主导地位。

弗里德曼认为，一个家庭的当前支出并不取决于当前收入，而取决于它的长期平均收入，或曰恒常收入。由于经济理论预测人偏好稳定消费路线，不喜欢忽上忽下的消费路线，所以，弗里德曼先生说，人会平均分配支出——把意外收入存起来，以防碰到意外损失。故此，在短期内，消费比收入更为稳定。

---

① 杜森贝利认为，消费者会受自己过去的消费习惯以及周围消费水准的影响来决定消费，因此消费是相对地决定的。按他的看法，消费者的消费容易随收入的增加而增加，但不易随收入的减少而减少。——译者注

弗里德曼还提出，家庭的储蓄率应当与收入无关，这使他预测国民储蓄率呈长期稳定状态。

弗里德曼认为，富人的储蓄率高是统计上的人为误差。特定年份的许多高收入者是因为获得了意外之财，平均而言，他们的恒常收入比该年度测得的收入要低。故此，如果他们把意外收益存起来，也就是说，他们的测得收入储蓄率比恒常收入储蓄率要高。反过来说也成立：对那些特定年份测得收入较低的人来说，他们只不过是在该年度承受了意外的损失罢了。

尽管这是个很令人满意的故事，但它的基本前提跟数据不符。无数谨慎的研究揭示，储蓄率随恒常收入的增长而陡增。为弗里德曼辩解的人说，富裕的消费者是想为孩子留遗产。可为什么穷人就没有这种动机呢？还有一个问题在于，人们消费意外收入的速度，跟恒常收入差不多。对于这一点，弗里德曼回复说，消费者的计划视野短浅得惊人。可若是如此，那么消费就并不主要取决于恒常收入。

最奇怪的是，弗里德曼的理论假设，背景环境绝不会影响人对生活标准的判断。比如，照他的预测，就算一位投资银行家发现新邻居新买了喷气式豪华公务机，飞到南塔基特岛去度假，他还是照样对自己的双引擎小飞机痴心不改。

背景环境非常重要，这一点早已为大量证据所证明。故此，我们可以公平地说，从立足点来看，杜森贝利理论的人性模型比弗里德曼更为切近现实。在阐释实际支出情况时，前者也更为成功。可惜，正如前文所说，主流教科书早就不提杜氏理论了。

这是怎么一回事呢？心理学家汤姆·吉洛维奇提出，乐意接受一种假说的人往往爱问：“这套说法，我能相信吗？”反过来说，拒绝该假说的人则爱问：“难道我非得相信这套东西吗？”显然，大多数经济学家从没想过要相信相对收入假说——大概是因为它暗示人可能会竞相攀比支出吧。

不管杜森贝利消失的真正原因是什么，经济学的氛围近年来似乎有了改变。2002 年，诺贝尔经济学奖授给了一位心理学家，这件事表明，经济学家对来自其他社会科学的见解有了新的包容度。

杜森贝利教授如今健健康康地住在马萨诸塞州的剑桥。他的理论值得我们重新看一看。

赢得诺贝尔奖的经济学家都是极为出色的。众所周知，有些人的见解确实比另一些人的更重要、更不朽。在我看来，威廉·维克里（William Vickrey）无疑属于重要又不朽的那一类，对此，恐怕没有哪位经济学家会反对吧。1996 年 10 月，维克里以 82 岁的高龄获得诺贝尔经济学奖，3 天后便辞别人世。由于诺贝尔奖只颁给在世的学者，评选委员会差一点就错过了机会，没办法颁奖给本学科的这位真正巨人。

托马斯·谢林是另一位真正的巨人。他的作品对我本人的思想有着尤为深远的影响。出于我和许多同事至今仍难于了解的原因，诺贝尔评选委员会屡次无视他的存在。到 2005 年 10 月，委员会终于宣布，谢林和罗伯特·奥曼（Robert Aumann）同获该年度经济学奖。但我想，委员会恐怕未能嘉奖谢林对后世最重要的贡献。

## 为什么托马斯·谢林最重要的作品却不是最受认可的

若听任冰球选手自行其是的话，他们铁定会不戴头盔参加比赛。然而，在匿名投票的时候，他们几乎无一例外地支持头盔规则。如果说头盔规则是个好主意，为什么选手们自己不爱戴头盔呢？

托马斯·谢林在 1978 年出版的《微观动机与宏观行为》(*Micromotives and Macrobehavior*)一书中提出了这个问题。

尽管诺贝尔委员会表彰的是谢林先生 1960 年发表的《冲突的战略》(*The Strategy of Conflict*),但历史将做出裁判,《微观动机与宏观行为》才是他更重要的作品。前一本书为冷战中的核威慑争论框定了范围,得到了公允的评价;相比之下,后一本书里提出的问题显得平淡无奇。然而,谢林先生对书中问题的回答,使得不少经济学家改变了对竞争与社会福利关系的思考方式。

亚当·斯密著名的看不见的手理论认为,个人对私利的追求为所有人带来了最大利益。若然奖励主要取决于绝对绩效(这是经济学的标准假定),个人选择的确有着极高的效率。可要是奖励主要取决于相对绩效(像冰球比赛那样),看不见的手就残废了。在后一种条件下,理性人不受限制的选择往往会造成无人得益的结果。

谢林解释说,冰球选手比赛时不戴头盔,增加了本队的胜率,这大概是因为他能看得稍微清楚些,听得稍微明晰些,或者能更有效地胁迫对手。不利的一面是此举同样会增加他受伤的概率。如果选手看重取胜甚于安全,他必然会取下头盔。可要是其他人都仿效这种做法,就又恢复了竞争的平衡——人人的风险都提高了,没有人得到好处。由此体现出了头盔规则的吸引力。

和冰球比赛一样,生活里许多最重要的结果都取决于相对位置。由于学校的"好坏"是个相对概念,所有想让孩子获得更好教育的家庭面临的情况跟追求竞争优势的运动员差不多。家庭努力想在负担得起的最好学区购买住房,可一旦所有家庭都花费更多的钱,结果无非是抬高了房价。仍然有半数孩子只能上较差的学校。

故此,谢林先生给我们提供了一个全新的视角来看待社会限制个人选择的多种方式。想想头盔规则和职场安全条例的相似之处吧。由于危险性较高的工作薪水较高,就职的工人能获得优势。诚如不受约束的冰球选手总感觉有取下头盔的压力，能自由出卖个人安全的工人恐怕同样意识到，要是得不到较高的工资，就只好把孩子送到差学校。在这两种情况中，限制我们个人的选择，都有助于预防争相逐底的竞劣比赛。

谢林所举例子的逻辑还对经济学家珍视的显示性偏好理论（Revealed Preference Theory）[①]提出了挑战。揭示偏好理论认为，看人们怎么做比听他们怎么说更能了解当事人看重的东西。如果有人选择了一份风险较大、薪资为 1 000 美元的工作，而没有选择一份比较安全、薪资为 900 美元的工作，该理论便得出结论：此人必然认为额外安全度的价值低于 100 美元。或许如此，但这么说，就跟说光着脑袋打球的冰球选手看重取胜甚于安全一样。在这两个例子中，检验当事人赞同的规则，而不是单纯研究他们个别的选择，或许能告诉我们更多的内幕信息。

《公平劳动标准法案》（*Fair Labor Standards Act*）也适用于类似的解释。该法案规定，凡员工每周工作超过 40 个小时，雇主均需支付加班工资。自由市场派经济学家往往对此大加抨击，就算雇主不给加班工资，许多工人也主动工作更长时间。只不过在这里，工人们的动机和冰球选手很相似。

故此，另一位诺贝尔奖得主乔治·阿克洛夫（George Akerlof）写道，单个工人往往能够靠工作更长时间提高晋升概率，可一旦他人竞相仿效，大家的晋升前景就又跟从前差不多了。这就又引发了毫无意义的竞争，人人每天晚上都必须工作到 8 点以后，只为了不落于人后。

谢林并不支持政府对市场的严加干涉。然而，他所举的例子清楚地指出，理性人的自利选择并不一定会为所有人带来最大的利益。

看不见的手假设奖励只取决于绝对绩效，现实情况却是相对绩效

---

① 由美国经济学家保罗·萨默尔森（Paul Samuelson）提出，指的是消费者在一定价格条件下的购买行为暴露或显示了他内在的偏好倾向。——译者注

说了算。

很可惜，诺贝尔评选委员会并不总能及时回心转意。在我看来，已故的约翰·肯尼思·加尔布雷思和诺贝尔奖失之交臂，无论如何是一件遗憾的事。加尔布雷思在好几个方面的工作，都值得委员会给予表彰。比如，《1929 年大崩盘》（*The Great Crash of 1929*）足堪提名，这是他论述大萧条时期经济崩溃的作品，其中不少看法都与最近的金融危机颇为契合。1958 年出版的《丰裕社会》（*The Affluent Society*）也值得提名，它以编年史的方式对比了国家的贫困和私人的富裕，这个问题在近几十年变得更为突出。下面的内容就是我推测他未获诺贝尔委员会青睐的原因。

## 为什么加尔布雷思 36 次被提名都得不到诺贝尔奖

诺贝尔奖从不授予逝者。所以，以 97 岁高龄离开人世的约翰·肯尼思·加尔布雷思是跟它彻底没缘分了。加尔布雷思是 20 世纪读者最多的经济学家，也是公认影响力最大的一位学者。

当然，许多声誉卓著的经济学家都没得过诺贝尔奖，可不少影响力短浅者却在获奖之列。加尔布雷思足足得到过 36 次提名，为什么诺贝尔委员会一次次地将之否决呢?

在 1958 年出版的《丰裕社会》一书中，加尔布雷思提出，倘若美国人少在私人奢侈品上花钱，多在外界环境上花钱，会过上更持久、更满足的生活。他的这段话让人印象深刻：“一家人开着加装了空调、马力强劲、刹车灵敏的亮铿铿新车出门旅行，途经的城市却有着丑陋惊人的面貌，路面坑坑洼洼，垃圾遍地；道路两侧的楼房破败，广告牌摇摇欲坠，还有那些早就该埋入地下的电线，颤悠悠地挂在水泥杆上。”

自从他写下这些文字之后，奢侈消费的定义标准有了相当大的升级。可 4 000 平方米的豪宅一栋栋拔地而起，政府却告诉我们，没钱逐一检查进入港口的集装箱，每当这种时候，加尔布雷思的话想必仍能引起不少人的共鸣。那么，为什么他的同行经济学家不曾热情地接受他的作品呢？

米尔顿·弗里德曼给出了一个简洁的答案。弗里德曼本人得过诺贝尔经济学奖，是加尔布雷思先生多年来的老朋友兼老对头。加尔布雷思过世后，弗里德曼在接受采访时评论他的作品“不太像经济学，倒像是社会学”。

尽管很多经济学家认同加尔布雷思对主流消费模式的批判态度，但他们并不认同他对这种失衡状态的解释。按照标准的经济学模型，消费者首先调查备选的商品，然后选择其中最符合自己偏好的。可按加尔布雷思的说法，箭头是反向的：先是企业决定什么样的商品最便于生产，然后再采用营销手法说服消费者购买。

大多数经济学家承认，只要企业办得到，一定乐于按照此种方式剥削消费者，可他们又怀疑企业是否能长期把持此种力量。他们觉得，加尔布雷思忽视了竞争资本家的创造能力。

比如，批评他的人说，倘若消费者为内在价值低的商品付了高价，就等于是“桌子上摆着现钱”，这是经济学家的比喻说法，指尚未开发的套利机会。竞争对手们只需提供价格稍低、质量稍好的产品来引诱消费者，就能轻松赚钱。毕竟，加尔布雷思笔下的企业用来迷惑消费者的营销手法，竞争对手们可以如法炮制用到较好的产品上，从而吸引消费者。

这些批评者说得有道理。加尔布雷思对社会支出不平衡的解释，确实跟一些社会学者提出的观点具有相同的漏洞。由于它暗示贪婪的资本家在桌子上摆了现钱，大多数经济学家无法接受。可是，米尔顿·弗里德曼提出对立观点——自由的市场力量能确保社会资源的最优分配，同样有许多人表示怀疑。

加尔布雷思在伯克利的加州大学就读时是 20 世纪 30 年代。倘若他是十多年后才接受的专业训练，他肯定能掌握更多相关知识，提出更好的解释，让批评者们满意。比如，为什么在竞争高度激烈的市场，单个消费者和企业都尽其所能做到了最好，还频频出现糟糕的分配呢？当前经济学课程的主要内容博弈论对此做了说明。

举一个这类市场无效率的突出例子吧。在露天体育场，为了看得更清楚，观众们全都站了起来，结果视野并不比大家全都坐下时好多少。这样一来，加尔布雷思先生大概可以说，消费者怀着理性的期待购买更奢侈的汽车，以为它能带来物超所值的安全性，结果却发现，一旦人人都这样做，除了重新界定奢侈的概念，什么也没有改变。

持批评意见的人兴许会回应："为什么消费者不购买更便宜的汽车，投票支持较高的税收，为更好的学校、更清洁安全的环境提供资金呢？"毕竟，成熟的消费者理应意识到，既然人人都缴纳了更高的税，那么人人都只好买更便宜的汽车，故此它带来的满意程度跟从前的贵车一样。

心理学家有时会把提出此类问题的经济学家说成是"IQ 高但猪脑"。消费者远远不像传统经济学模型设想的那么成熟，这是行为经济学（心理学和经济学结合产生的一个新领域）上的一大发现，它已为大量实验所证明。倘若加尔布雷思研究过行为经济学，他大可以嘲弄地对批评者们说，普通消费者根本不会想到，其他人的支出居然会影响自己的参考坐标。

加尔布雷思的论点或许得不到自由市场经济学家们的认可。然而，他跟不少批评者最不一样的地方在于，一看到糟糕的资源分配方式，他就能识别出来。诺贝尔奖有时会颁给那些说错了论点但找对了原因的学者，但几乎从来没颁给过那些说对了论点找错了原因的学者。

虽说米尔顿·弗里德曼一辈子都是个争议人物，但说他是20世纪影响力最为深远的经济学家，想来没有多少人会否认。和加尔布雷思不同，诺贝尔评选委员会不可能无视弗里德曼的著作。1969年，诺贝尔奖首次颁给两位共同提名者——简·丁伯根（Jan Tinbergen）和拉格纳·弗里希（Ragnar Frisch）。另外几位候选人的呼声同样很高，弗里德曼便在此列。到1976年，他终于拿下此奖，抢在了大多数人的前面。

不少人坚持说，弗里德曼一贯鼓吹自由市场，意味着他对不平等以及穷人的幸福等问题漠不关心。可熟悉他的人很清楚，实情并非如此。我将在下面探讨他在劳动所得税补贴制度设计方面的贡献。劳动所得税补贴制度是全世界应用最广泛、最具创新精神的反贫穷项目。

## 米尔顿·弗里德曼真的是冷血动物吗

米尔顿·弗里德曼在2006年以94岁高龄过世。对主张小政府主义的保守派来说，弗里德曼是他们的守护神。每当保守派提出社会保障私有化或削减其他社会安全网的主张时，总会召唤出他的名字。出乎他们意料的是，弗里德曼竟然是史上最成功的社会福利项目的缔造者。

弗里德曼意识到，市场力量可以成就无数了不起的事情，但并不能保障收入合理分配，满足所有公民的基本经济需求。他主张用所谓的“负所得税”（Negative Income Tax）[①]取代现有的各种福利项目，直接向所有公民发现金，比如每人6 000美元。故此，一个没有市场收入的四口之家可以从国税局领到24 000美元的年俸。家庭每得到1美

① 政府对于低收入者，按照其实际收入与维持一定社会生活水平需要的差额，运用税收形式，依率计算给予低收入者补助的一种方法。——译者注

元的收入，这笔款项就减少一定比例，假设减少 50%。这样一来，要是一个四口之家每年收入 12 000 美元，则可获得 18 000 美元的补贴（24 000 美元减去 6 000 美元所得税）。

毫无疑问，弗里德曼的主张至少有部分源自他对最贫困人群福利的关心。但他首先又是个实用主义者，所以他主要是从实践的角度强调负所得税较之传统福利项目的优势所在。他论述道，既然穷人的主要问题是他们的钱太少，那么最简单、最廉价的办法就是多给他们钱。他认为雇用官僚大军派发食品券、燃油券、日托券和房租津贴毫无优点。

和从前一样，弗里德曼的政策建议仍以尽量限制不利的经济动机为目标。早前的福利项目设计者经常忽视这一点。这些项目由不同的官僚机构分别监管，家庭的劳动所得收入每增加 1 美元，获得的福利就会相应减少。最常见的做法是减少 50%，这样一来，倘若一个家庭可以享受四种不同福利项目，那么它每额外挣 1 美元，总福利就减少 2 美元。身处这样的环境，就算读者没接受过正规的经济学教育，也看得出工作没好处。反之，若采用弗里德曼的方案，工人加班劳动总能获得额外的税后收入。

当然，负所得税最终没有得到采纳，因为人们担心，要是补贴大得足以维持一个普通四口之家的生活，许多人都会放弃工作，申请救济。以每人 6 000 美元为例，一个 30 人的农村社区可获得总计 180 000 美元的年俸，本来他们靠种庄稼、养牲口也能挣回这笔钱的。由于这些人靠纳税人的钱过得舒舒服服，晚间新闻肯定会有愤怒的观众声讨他们的所作所为。故此，对此类项目的政治支持必然难以为继。

于是，国会转而采纳了劳动所得税补贴制度，从本质上来说，它跟负所得税一样，只不过只有就业的人才能享受补贴。实践证明，正如弗里德曼所预测的，劳动所得税补贴制度比传统福利项目有效得多，所以，其他国家也普遍采纳了这种做法。美国施行的福利项目中还很少有接受度这么广的。因为它只能覆盖到有工作的人群，社会反贫困不能单靠它。

吉姆·韦伯（Jim Webb）、乔恩·泰斯特（Jon Tester）等经济民粹主义者当选议员，宣誓要加强美国的社会安全网。在从事这一任务期间，他们真的应该严肃考虑一下米尔顿·弗里德曼提出的动机问题。如何加强对失业人群的扶持，又无损他们的工作动机呢？

可行的办法之一是政府赞助就业，并补充以小额负所得税——这笔钱要很少，少得不足以维持生活，哪怕许多人的钱加在一起也不行。大多数低收入者可以继续为私人雇主工作，跟如今在劳动所得税补贴制度下一样。对其他没有工作的人，由政府来充当雇主。只要给予足够的监督和培训，哪怕是没有技术的人也能完成许多有益的工作。比如，他们可以到水土流失的山坡上植树，或清洗公共空间的涂鸦，还可以照料老人和残疾人士。配合较低的负所得税补贴，公共服务和私企就业的薪金能帮助所有人免于贫困。这两种措施不会让人滋生"白吃救济"的动机。

当然了，弗里德曼肯定不喜欢联邦官僚机构急剧膨胀。但根据他本人对政府服务供应情况的观察，以低工资确保就业并不会造成此类膨胀。政府可以邀请私人企业竞拍项目合同，以可控的成本驾驭市场力量。

面对巨额预算赤字，我们负担得起这种项目吗？弗里德曼曾在1943年写过一篇文章，名为《采用消费税作为战时财政措施》。文章认为，累进消费税是完成紧要国家目标的最佳收入来源。纳税人除了要向国税局汇报收入，还要汇报储蓄情况，现在的401（k）退休计划就是这样。收入与储蓄之差就是每年的消费额。这个数减去标准的起征额后，按累积的比率征税。弗里德曼指出，对富人的消费课以高税率，能以最低限度的牺牲带来额外的收入。倘若为中低收入家庭提供更可靠的经济安全是国家的重要目标（许多选民似乎都这么觉得），那么，这就是埋单的办法。

综合各方面的情况，弗里德曼是个慷慨大度、富有同情心的人，他早就敏锐地意识到，个人的繁荣往往和好运气密不可分。在这点上，他比后来的许多追随者看得更清楚。仔细研读他的作品，并不会让我们得出取消社会安全网的结论，而是要让它更有效。

## 一人为龙，众人成虫

群体性弱智!

一人为龙，众人成虫。这是一句中国人太过熟悉的俗语。其实，这不是中国人用于自我批评的特色，整个世界都存在群体性弱智现象。群体性弱智或称为群体性癫狂，是指当一个群体里每个人从个人角度做出明智决定时，形成的总体结果却是弱智的。正如托马斯·谢林所发现的，当我们在体育场观看比赛时，任何单个个人站起来都能获得更好的视觉效果，然而，如果每个人都站起来，没有人能获得更好的视觉效果，反而所有人都因站着观看而更加劳累。同样，每个人拥有私家车都会让自己的出行更便捷，但一旦一个社区或一个城市的每个家庭都拥有私家车时，每个人都只能被堵塞在茫茫无尽的“铁盒子”里，使得道路成为事实上的停车场。

在大多数情况下，群体性弱智会被历史逻辑矫正过来，比如看演出的人都选择坐下来观看；买东西时都选择排队。然而，当群体性弱智发生在更宏观的领域时，历史逻辑的矫正能力就遇到了挑战。比如，人人都知道开车上下班会非常堵，可还是选择驾车出门。比如在公共场合为了让对方能听到，会尽量大声说话，结果我们的公共场合向来都是乱糟糟的。比如我们每个人都方便地倾倒垃圾时，却发现整个城市都受到了污染。

群体性弱智带来社会对公共秩序的渴求。不管消费、投资，还是日常行为，无处不在的群体性弱智在悄无声息地扼杀着我们生活中的各种美。我们需要从宏观的角度来对抗群体性弱智行为；我们需要社会舆论的引导把每个个体从群体性弱智中解救出来。弗兰克可贵就可贵在他的独立思考能力，他总能够跳出群体性圈套，独立于经济学生态圈，来分析群体性弱智现象对智者的湮没和对人类的误导。

# 05

# 医疗与人道

The Economic Naturalist's Field Guide

- 付不起账单的绝症患者，应该被拔掉输氧管吗
- 为什么美国的医疗制度运作糟糕至极
- 各州应插手解决医疗保健事务吗
- 精品医疗服务为什么会饱受批评

2000年，一辆大卡车从侧面撞上了黛博拉·沙克（Deborah Shank）驾驶的小货车，致使她受了重伤。沙克当时是明尼苏达州拉杜角沃尔玛一家分店的职员，不久前才参加了公司的健康保险计划，所以，她的大部分直接医疗费用都由公司负担。可因为这场事故，她的脑部受到了永久性损伤，而且一辈子都只能坐在轮椅上，她需要全职的护理人员照料。家人对肇事卡车司机所属的公司提起诉讼，法庭安排了一笔417 000美元的信托基金，帮忙支付沙克的治疗费用。

可到了2007年，另一家法院责令沙克家人退还沃尔玛为沙克支付的470 000美元医疗费。该法院的裁判援引了公司健康保险计划的一项条款：若受伤员工打官司赢回了损失费，则公司有权收回自己支付的医疗费。

沃尔玛要求偿还费用的立论基础是：倘若有人为同一笔医疗费获得两次补偿，这有失公正。可沙克打官司所得的赔偿，连负担护理费都不够，离最初的医疗费更是相去甚远。

在发达工业国家中，只有美国不提供全民医疗保险。4 500 万左右的美国人没有基本的健康保险，虽说没有保险的病人大多也可以获得医院急诊室的抢救治疗，可即便是对像沙克这样以为自己进入了医疗保险计划的家庭，医疗费用无人承担仍是他们破产的主要原因之一。

第二次世界大战后，欧洲的社会民主主义国家为国民构建了全面的社会安全网，其中就包括全民医疗保险和慷慨的公共养老金制度。两相对比，美国的社会安全网划到了企业范畴。美国走上这条道路其实事出偶然，主要是因为在战后早期的繁荣日子，通用汽车公司和全美汽车工人联合会之间达成了异常慷慨的劳工协议。

那个年代，美国大型企业基本上和外国竞争绝缘，这套制度运作得相当不错。随着医疗保健成本逐渐攀升，市场又日复一日地暴露在来自国外的竞争之下，维持安全网所需的利润率受到了侵蚀。许多雇主的应对方法，就是减少医疗保险和其他福利的员工受众面。还有一些企业，比如沃尔玛，则采取越发激进的措施，限制保险的偿付。

尽管政策分析师们普遍同意美国的医疗保险制度迫切需要大修，可对具体的政策提案则存在相当大的争议。其中有医护专业人士面临的最棘手的伦理问题——应该对绝症患者提供什么程度的治疗。照料此类患者会消耗大量稀缺资源，而这些稀缺资源原本可以用来满足其他许多迫切的需求。尽管我们可以说，人人都可以无限地享用医疗服务，可有些措施明显得不偿失。我们该在哪里划分界线呢？解答这个问题时，诸如同情等道德情操在其中扮演了关键角色。

## 付不起账单的绝症患者，应该被拔掉输氧管吗

经济学家斯蒂文·兰德博格（Steven E.Landsburg）发表了一篇文章，名为《穷人也理当享有生命保障吗》，副标题是《一位付不起账单的妇女输氧管被拔导致死掉。这错了吗？》。

兰德博格出于“经济考量”，认为答案是“这没错”。不少评论家以道德荒谬为由批评他的观点。两种判断其实有着密切的联系。但在解释为什么之前，我们要来看看本案的一些细节情况。

患者名叫迪哈斯·哈柏特格里斯（Tirhas Habtegiris），是一名27岁的移民。她因癌症入住得克萨斯州普莱诺的贝勒地区医疗中心，全靠呼吸机维持性命。医生认为她康复无望，但她希望坚持到远在东非的母亲见到她最后一面再说。

哈柏特格里斯没什么钱，也没有医疗保险。在她入院10天之后的12月1日，院方通知她的兄弟，除非找到另一家医院愿意接手，要不然，贝勒中心将不得不放弃治疗。可即便有贝勒中心帮忙，家人还是找不到医院可转。该医院说到做到，果真于12月12日切断了哈柏特格里斯的呼吸机。它援引了1999年小布什和得州州长签署的一项法令。法令规定，只要院方正式通知患者，生命维持治疗在医学上“不恰当”，则医生没有义务提供10天以上的此类治疗。

据哈柏特格里斯的兄弟说，切断呼吸机时，她完全有意识和反应，很想继续呼吸。她挣扎了整整16分钟，才痛苦地窒息而死。她兄弟和其他几名家族成员描述了当时的可怕情形。远在东非的母亲最终未能赶到。贝勒中心的官员说，他们的决定和经济考量无关。

兰德博格为贝勒中心开脱说，为哈柏特格里斯治疗通不过经济学最基础的成本效益理论的测试。该理论认为，只有当行动带来的收益超出成本，才应该去做这件事。治疗成本计算起来相对容易，可要衡量它的好处却很难，这就是兰德博格栽跟头的地方。

一般而言，经济学家用行动的受益人愿意付出多少代价来衡量该行动的好处。维持哈柏特格里斯的生命能带来多少好处呢？为了给它设个上限，兰德博格请我们想象以下场景：在她患病前，她可以选择给自己上免费的呼吸机保险，也可以选择 75 美元的现金（这是他估计的向健康年轻人提供此类保险的成本）。接着，他又合情合理地假设哈柏特格里斯会选择现金。他认为，这就暗示着，治疗哈柏特格里斯女士的收益必然小于其成本。

在这一点上，他弄错了，原因很多。他忽视了在第一时间享有社会安全网所具有的重大经济意义。即便那些并不贫穷的人也承认，巨大的灾难固然不幸，但说不准哪天就会碰到。比如，一个人可能会丢了工作，付不起医疗保险；也可能受暴风雪所困，直升机没法前来营救。想到这样的情形，大多数人倾向于集体资助营救活动。穷人没有或买不起对抗此类意外的私人保险，根本无关紧要。

更麻烦的是，兰德博格完全忽视了同情、怜悯一类的道德情操。从亚当·斯密时代以来，经济学家们就意识到，经济判断经常为这些情绪所左右。结果是，当生命垂危的患者得到治疗时，无数人会因之受益。倘有机会，很多人都会为照料哈柏特格里斯慷慨解囊。只可惜，为这类治疗组织无数私人募捐在现实上不具可行性。故此，我们授权政府在有必要的时候采取措施。

兰德博格的论点巧妙地模糊了“统计生命”和“具体生命”之间的重大区别。这两个概念是经济学家托马斯·谢林提出的，他观察到这样一种明显自相矛盾的现象：为了某一个活生生的受害者，比如困在矿井里的工人，社会往往会拿出数百万美元前去营救；但对高速公路上平均每年夺去一条性命的护栏，却不愿意花哪怕仅仅 20 万美元加以维修。

谢林认为，这种矛盾从经济上来说没什么不理性的，因为社会对这两种情况下所花的钱估值完全不同。后者是拿自己的性命去冒险，赌一场不见得会发生的车祸；前者则是把一个活生生的人抛弃在危难之中。

兰德博格以一个明显不合理的经济论点为医院方面的决定辩护，无意间为那些坚持“成本和效益考量在有关医疗安全的政策决策中站不住脚”看法的人落下了口实。其实这种看法并不对。减少日常面对的微小风险，代价昂贵。同样的钱可以花在其他更为紧迫的需求上。不权衡相关的成本和效益，我们无法明智考虑这些决策。

但使用成本效益分析并不意味着把人变成道德怪物。在美国这个全世界最富裕的国家，真正的成本效益测试绝不会罔顾患者的反对，在她完全有意识、有反应的情况下关掉维持她生命的呼吸机。兰德博格的论点不仅在道德上错了，在经济上也不对。

## 为什么尽管美国的人均医疗费用是其他很多国家的两倍，其医疗制度提供的服务却如此之差呢?

### 为什么美国的医疗制度运作糟糕至极

在国情咨文演说中，小布什建议以减税的方式向未参保的民众提供基本的健康保险。第二天，笑星史蒂芬·科尔伯特（Stephen Colbert）就在喜剧中心频道（Comedy Central）的节目里开涮说：“这很简单。大多数买不起健康保险的人穷得根本够不上纳税的资格。可要是你给本来不欠税的他们减税，他们就可以用那笔拿不回来的钱去买本来就供不起的健康保险了。”

确实如此。卫生经济学家早就知道，在市场利益的刺激下，私人保险公司会花大把的票子，回避那些真正需要医疗保险的客户。有了雇主提供的集体保险，这个问题得以缓解。而由于小布什的提案会把人们往个人保险的路子上引，故此必将令保险公司进一步回避不健康的客户。这一类人只好以不换工作的方式保住自己的保险。但在普通人都能承受得起的价格上，没有哪家私人保险公司会愿意要他们以个人的方式参保。

小布什的提案减少不了没有保险的民众数量，这还不是它最大的问题所在。更烦人的是，它仍然采用的是现行医保制度，在这一制度下，美国的医疗费用平均比另外 21 个国家多两倍——这 21 个国家的人均寿命全比美国高。美国人的医疗成本这么高，一部分原因在于私人保险增加了数倍的管理费用（目前在总费用中占 31%）。

大多数卫生经济学家同意，政府偿付是控制这些费用的唯一可行方式，因为这其中有不少钱都是私人保险公司花在辨识、回避不健康客户方面的。加拿大的单一保险人制度（覆盖全体国民），管理费用比美国低 17%。美国每年的保健支出目前高达 2 万亿美元。换用单一保险人制度，把管理费用减少到其他国家的水平，每年大概可以省下 3 000 亿美元。

一些批评家担心，一旦医疗保险成为联邦的职责，就会凭空增加许多昂贵又低效的医疗干预。

斯坦福大学著名的卫生经济学家维克托·福克斯（Victor Fuchs）和美国国立卫生院临床生物伦理学主席伊齐基尔·伊曼纽尔（Ezekiel Emanuel）则提出了一种较之现行制度能更有效地限制此类医疗干涉的单一保险人制度，可登录我的个人网站 www.robert-h-frank.com 获得该方案的链接。

倘若其他所有发达国家都采用的单一保险人制度明显是最佳解决办法，为什么美国就是不用它呢？一些分析家勉强承认了单一保险人制度的优势，但认为美国负担不起这种制度，又说它在政治上缺乏现实性。但为什么一种能以较少的钱换回更佳结果的政策，偏偏会在美国提早出局呢？

障碍有二，不过，依靠明智的政治领导，并非不能克服。第一是单一保险人制度或许需要额外的税收。在当前的氛围下，这当然是一道棘手的政治难题。但对投票人解释，由于单一保险人制度能大幅降低成本，纳税人向政府额外缴纳的每一美元，都可为私人保险支出的减少所抵消。这能有多复杂呢？考虑到这种制度在整体上更廉价，说美国负担不起是毫无道理的。

第二个障碍是来自私人保险公司的反对，显然，他们不愿意放弃每年数十亿美元的利润源。因为政策改变招致损失的一方，必定拼死抗争，其激烈程度远甚于受益的一方——尤其在损失者集中、受益者分散的情况下，这种不对称性表现得更为夸张。

但明智的领导层能够克服上述阻碍。馅儿饼做大了，人人都能分到更大的一份。由于转向单一保险人制度能做大经济馅饼，故此所有人，包括保险行业在内——日子都应该更好过。

首先要做的一步，是承认保险公司并非坏人，只不过，由于现行税法倾向于企业为员工提供私人保险，它们投资了这样一笔划算的生意；一夜之间改换门庭，叫它们关门歇业是不公平的。

尽管如此，它们没有权利永远把持一种在经济上站不住脚的制度。转向单一保险人计划，节省下来的费用足以赔偿保险公司损失的利润。最初的赔偿应当为全额赔偿，然后随着保险公司调整投资方向，逐渐递减。

当今时代，政客的宣传时间不过区区 15 秒，兜售这样的论点相当具有挑战性，但并非完全不可能。事实上，大力鼓吹单一保险人制度，为总统候选人提供了大好的黄金机会。选民们早就受够了日复一日高涨的保险成本和越来越小的承保范围，单一保险人制度能可靠地解决这两大问题。它的基本原理足够简单，在漫长的竞选中把它说清楚并非难事。再者，倘若提案设计得能让所有人共赢，企业也没有太多理由反对它。

单一保险人制度的批评者一直担心医疗福利社会化带来的威胁，认为这意味着让政府官员来治病。可亲身体验过单一保险人制度的人却觉得无须担心。比如，有一次休年假，我儿子在巴黎摔断了胳膊，需要动手术。我们在那儿碰到的医生跟美国一样，都是专业人士，也没有什么官僚作风。法国的医疗保健支出不到美国的一半，但每人摊到的医生和病床数比美国更多，而且全民入保。

我们生活在一个充满挑战的时代。一个不劝说选民投入单一保险人制度的候选人，真的配当总统吗?

由于美国联邦政府不采取扩大医保覆盖范围的行动，各州开始分头作战。然而，有些问题在州层面上得不到最好的解决。

## 各州应插手解决医疗保健事务吗

制造业有句名言：法国人从不仿造，也没人仿造法国人。美国的重要公共政策也很快能套用类似的说法了。举例来说，世界上的大多数国家，保障公民享有医疗服务、规范环境质量、支持基础科学研究等重要职责，均由中央政府履行。可在美国，这些事务越来越多地落到了各州，甚至地方政府的管理范畴。

比如，马萨诸塞州第一个颁布法令，保障本州所有公民享有医保。2005 年，至少有其他 19 个州考虑立法扩大医保覆盖范围。1 月，

8 个州采纳了加利福尼亚大气资源局（California Air Resources Board）制定的新规则，要求 2016 年前，小型汽车和轻型卡车减少 30% 的碳排放量。纽约州州长乔治·帕塔基（George E.Pataki）亦打算采取此一措施。马里兰州授权州政府资助基础干细胞研究，成为第 5 个这么做的州。

从经济的角度来看，委托联邦政府展开上述活动，比委托州或地方政府更有效。然而，联邦政府在方方面面都未能有所作为。它拒绝参与限制温室气体排放的国际行动，进一步削减基础科学研究的联邦经费，哪怕美国所占的世界专利权份额不断下跌。此外，4 500 万美国人目前没有任何形式的医疗保险。

各州政府开始率先在这些领域展开行动，本身倒没有什么神秘之处，但我们务必理解，新近的这些立法举措注定实现不了联邦层面上所能达到的效果。

首先我们要来解释一下为什么美国有多层级的政府。几乎每一个美国公民，都要向地方、州和联邦政府纳税，并遵守各级政府制定的法律法规。政府层级繁多，固然带来了冗余低效的问题，但它背后有着很好的经济理由。

1956 年，经济学家查尔斯·蒂博特（Charles M.Tiebout）发表了一篇经典论文，解释了地方层面提供公共服务的一个重要优势：它能让我们在公共和私人消费上实现较佳的配搭比例。

要是有人喜欢众多的公共场地、保养维护得当的道路、庞大的警察部队和师资良好的学校，就可以聚集在提供这些便利的高税收社区；其他人则可以选择低税收社区，把收入更多地花在私人消费上。地方政府还极大地缩小了公民与立法者之间的距离。

但对某些公共服务来说，比如国防等，规模优势会将地方政府排除出局。事实上也的确如此，疆土大的国家比小国家更能有效地召集军队，是大国成为世界主流的最重要原因。

然而，规模优势解释不了为什么最好是将医疗保险、环境保护、支持基础科学研究交由联邦政府负责。这里的症结是，在上述情况中，州和地方层面发起的项目会造就不正当的经济动机。

我举个亲身经历的例子。我居住的纽约州伊萨卡最近在讨论一项提案。当地崇尚进步的积极分子们呼吁增收地方所得税，为本地居民提供单一保险人医疗保险。按照健康政策专家的说法，这样的制度能消除私人保险公司为限制承保服务、回避慢性病患者而造成的巨大浪费。

尽管具备这样的优点，地方层面上操作的医疗制度根本行不通。因为人可以自由迁徙，这一方案会吸引来周边城市没有保险的慢性病患，大幅提高该项目的成本。反过来，所得税的提高，又使得社区里的不少富裕纳税人迁往临近城市。整个项目很快就会陷入死循环。

和地方边界一样，各州边界同样是可以跨越的。故此，除非有足够多的州同时执行全面的医保立法，否则马萨诸塞州的新项目最终必然会遭遇相同的问题。

州政府试图控制温室气体排放，支持基础科学研究，也很成问题，但原因稍有不同。一公斤二氧化碳废气排放出来，很快就会扩散到全球范围。故此，限制温室气体排放的州，要承受减排带来的所有成本，却只能获得极小一部分收益。减排政策注定要遭到强大的阻力。经济学家早就强调，有效的环保举措要求全国，甚至全世界范围的集体行动。

支持基础科学研究也会碰到同样的情况。马里兰州的居民将要承受研究带来的所有成本，但只能获得相应收益中的极小一部分。这种失衡状态，必将限制他们的投资动机。

我的观点是，州政府出手干涉并不是因为脑瓜子不灵光，而是因为联邦政府在这些方面完全丢了球。各州新近的举措或许不是解决我们最迫切问题的最有效途径，可它是选民们对联邦政府丧失耐心的确凿信号。

近年来出现了精品医疗方案，即每年缴纳高达 2 万美元的年费，换得医生精心的诊治，享受酒店式住院服务。尽管这类方案和无医保人士所得的医疗服务形成了鲜明对比，有可能冒犯公众的正义感，但道德义愤还是瞄准其他目标为妙。

## 精品医疗服务为什么会饱受批评

虽说心理学家仍然围着金钱与幸福之间的关系喋喋不休，可从现在掌握的所有证据来看，社会中最富裕的成员在身心健康水平上均比贫困成员更高。有个笑话说得好，认为金钱买不到幸福的人，只不过是不知道该到哪儿去买罢了。

有关美国新近出现的精品医疗方案的研究，再次证明了富裕带来的优势。只要在正常的医疗保险费用上再多多给钱，用户就能绕开“统筹保健”（Managed-Care）改革带来的最大烦恼——这种改革向医生施加压力，要求他们降低成本，减少诊治每名病患所花的时间。依照标准制度，每名医生一年可能要接待上千名患者，而在部分精品方案下，医生一年说不定只分配到 300 名，甚至 50 名病患。很多精品方案均提供当天预约、随时联系、专家候命等服务。

有关这种豪华医疗方案的报道，引发了社会批评家轰轰烈烈的抗议之声。但抱怨提供新方案的医生贪婪，购买此种保险的患者自私，批评家们实在是找错了方向。在自由市场经济下，指望负担得起高质量服务的人不提出需求，无异于痴人说梦。倘若你有天赋，能让潜在的买家选中你，提供此类服务何罪之有？

医疗保健真正的道德危机出在别处。4 500 多万美国人完全没有任何健康保险，还有另外 2 000 万人保险严重不足。

克林顿当政时尝试纠正这一问题的努力触礁了，因为克林顿的提案呼吁联邦对医疗系统严加管控，许多人害怕此举得不偿失。然而，保守派在教育界大力鼓吹的非官僚机制，其实也可以用于提供全民医疗保险。联邦政府只需向无论贫富的每个家庭发放购物券，购买基本的医疗保险即可。

当然，这一方案会增加联邦预算。但它同时消除了当前医疗制度带来的惊人浪费：用昂贵的急诊设备治疗没上保险的病人，让小小的健康问题拖延成重病。有了医疗券，人们可以选择自己的健康方案，完全无须联邦政府过多干涉。

遗憾的是，小布什宣称，除非他死了才会加税，所以上述解决途径在他的任期内是无望实现了。实际上，小布什政府不仅不愿考虑增加预算，采取措施解决医保覆盖范围问题，甚至还将一种注定要恶化此问题的方案提上了财政议程。

2002年，小布什政府颁布了13 500亿的减税计划，其中大部分针对的是全美最富裕的家庭。随着可支配收入的增加，家庭会购买质量更高的产品和服务，这是颠扑不破的经济铁则。政府往富裕家庭的手里额外塞了数亿美元的购买力，他们本来已经是最近几十年实际收入增长最快的群体了，而减税必将加速精品医疗服务的发展趋势。每一名加入这些服务的医生再也不用面对每年上千名病患，可体制内其余医生的负担则会越来越重。

小布什打出口号说，“这是你的钱，你比华盛顿的官僚们更知道该怎么用”，借此兜售减税政策。可诚如“9·11”事件表明，这句口号漏掉了一些重要的东西。不错，这是我们的钱，除非把它明智地花在公私目的上，否则我们建设不了一个健康、安全的社会。

社会批评家正确地指出，一方面，有些美国人多付2万美元的保险费，享受酒店级的精品医疗服务；另一方面，还有那么多美国家庭连最基本的医疗服务都没有。倘若刑场上真的有犯人，那既不应该是有钱的患者，也不该是向他们提供服务的人——而是支持减税政策、搞得这些问题无法补救的立法者们。

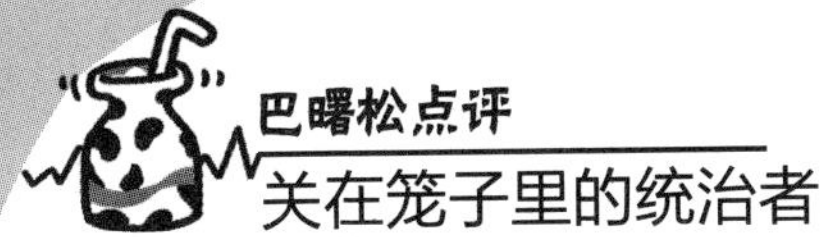

巴曙松点评

## 关在笼子里的统治者

“人类千百年的历史，最珍贵的不是令人炫目的科技，不是浩瀚的大师经典著作，不是政客们天花乱坠的演讲，而是实现了对统治者的驯服，实现了把他们关在笼子里的梦想。因为只有驯服了他们，把他们关起来，才不会害人。我现在就是站在笼子里向你们讲话。”美国前总统小布什的是非功过只能留待后人评说，然而他这些政治名言却已随着他的离任，成为一段引人反思的引子。

新中国成立至改革开放以来，政府职能该如何定位，一直处于不停地探索之中。在西方社会，四大民生问题——食品安全、医疗、教育和住房，一直是政府的公共服务职能最重要的组成部分。百年一遇的金融海啸，使得中国和美国分别作为最大的发展中国家和最大的发达国家，以不同的方式遇到了公共医疗方面的问题和挑战。

对于美国来说，如何控制居高不下的财政赤字成为十分严峻的挑战，而其中的关键和要害，通常被视为成本高昂的美国公共医疗体系。如何对公共医疗体系进行顺利的改革而不触及广大公众的反弹，被视为是奥巴马政府最为严峻的挑战。

对于中国来说，如何在外需大幅下滑的基础上扩大内需，一直成为重要的政策目标之一。要扩大消费和内需，首先就必须消除中国人不敢消费的制度上的缺陷和不足，其中就包括公共医疗体系的不足，促使公众不得不为未来可能的疾病储蓄，消费自然难以迅速增长。因此，要调整中国的经济结构，完善公共医疗体系就成为一个关键因素。

这就让我们想起一个关于经济学的幽默故事。一个毕业多年的学生回到学校，看到在校的同学正在考经济学的课程。出于好奇，他特地去看了一下考试的题目，竟然发现与多年前他在校时的考试题目完全一样。他十分惊讶，去问白发苍苍的经济学教授，只见教授含笑回答：经济学面临的问题其实都是一样的，只是在不同的环境、不同的制度、不同的市场状况下，答案完全不同而已。这一点用在分析公共医疗上，是十分贴切的。

# 06

# 限价政策与拥堵问题

The Economic Naturalist's Field Guide

- 为什么堵车收费的建议很少得到采纳
- 为什么纽约大都会棒球队要采取可变票价方案
- 为什么稀缺的机场跑道应该卖给出价最高的航空公司
- 为什么应该向 SUV 收税

我在上经济学概论课的时候，经常让学生们想象这样一个场景：两处公寓，其他方面一模一样，一处公寓为独立的水电气表，每户单独计费，另一处则使用统一的水电气表，费用包含在房租之内。选择哪一处好呢？我提醒同学们，要是选择水电气费包含在房租之内的那一处公寓，房东必然会把房租提高到足以负担成本的水平。

大部分学生起初回答说，他们会选房租包含费用的那一处——但实际上，大部分人选每户单独计费的方式更省钱。一旦水电气单独计费，在判断是调高空调温度，还是多穿一件毛衣的时候，房客就会把额外能源的价值与成本好好权衡一番。比如，一月份把空调从 20 度调高到 25 度，当月电费会增加 50 美元。对房客来说，由此带来的额外舒适度至少值 50 美元的话，他当然会调高温度；如果不值，他就不会调。

对比房租包含水电气费的情况：房客们多用能源的边际费用几乎为零。还是用上一段的例子加以说明：倘若有哪个房客把整栋公寓楼的空调调高了 5 度，电表为 100 名房客共用，那么，多出来的 50 美元电费摊到每个人的头上只有 50 美分。所以，只要单个房客认为多出来的舒适度至少值 50 美分，调高空调温度就是理性的。问题在于，如果所有房客都依此行事，把空调温度调高，则当月电费就会上涨到每人 50 美元。要是较高的空调温度对每名房客其实只值 20 美元，采用房租含电费的方式，每个人就亏了 30 美元。

出现这样的损失，是因为房客们看到房租包含电费，使得电价偏低，于是就会浪费能源。反复列举类似的例子，让大部分学生都掌握了以下原理：只要允许人们以低于实际成本的价格购买宝贵的资源，他们必然会浪费。

等学生们上完我的课之后，只要听说有什么政策限制产品和服务的价格，使之大幅背离于最后一个单位的生产成本（用经济学家的话来说，即该产品或服务的边际成本），他们大多都会报以怀疑态度。只要价格跟边际成本不一样，人们就会浪费相关的产品和服务。如果价格低于边际成本，他们会用得过多；如果价格高于边际成本，又会用得过少。

下面我会集中讨论各种限价政策。我认为，这种政策几乎总是起着误导作用。如果价格背离了边际成本，只要让它往边际成本的方向靠拢，就至少能改善一部分人的处境，又不会损伤其他人的利益。然而，由于这一基本原理尚未得到普遍理解，政策制定者们往往不愿采纳边际成本定价。首先，我谈的便是立法者不愿采用此种方法解决纽约市交通拥挤问题所造成的后果。

## 为什么堵车收费的建议很少得到采纳

2007年春，纽约市长迈克尔·布隆伯格（Michael R.Bloomberg）建议对周末进入曼哈顿86号大街以南地区的司机收费。上午6点到晚上6点，前往此地区的私车收费8美元，商用卡车收费21美元。

尽管批评者们大肆攻击这一计划，经验却告诉我们，所谓的“堵车收费”能带来可观的经济利益。比如，英国于2003年2月开始对进入伦敦中心城区的汽车收取每天14美元的过路费，市中心交通量锐减1/3，一些公交路线的往返次数跌了差不多一半。伦敦市区的二氧化碳排放量减少了20%，粉尘和氮氧化物（雾霾的主要构成部分）的排放量亦大幅下跌。

既然堵车收费的好处如此显著，为什么美国很少采纳它呢？最大的障碍可能是人们担心这会给低收入居民造成困扰。要想堵车费达到预期目标，它必须足够高，高到能让很大一部分人为此改变行为。而这么高的费用必然会给一些民众造成负担。

要是不充分疏导这一焦虑，靠市场刺激改变人们行为的提案很难得到采纳。举个例子，研究显示，每天按时段、每年按季节地调整电费，能大幅减少消费者的平均用电量，可主张按此种方案收费的提案频遭拒绝，因为主事者担心低收入用户可能没有相应的灵活性调整用电模式。

经济效率高的项目频频因为这种担心受阻，是当代政治经济学上的一大难题。从定义上看，一个项目若是经济效率高，收益必然超过成本。这也就是说，必然有办法重新分配所得，好让无论贫富的每一位公民都过得更好。故此，高效项目无法得到采纳，就引出这样一个问题：为什么我们不能想出办法实现必要的转换？为什么我们要把热钱搁在桌上？

很明显，反对布隆伯格市长所提方案者，大部分都着眼于堵车费给低收入司机造成的不便。比如，纽约市议员刘易斯·费德勒（Lewis A.Fidler）就说该方案“无耻透顶，因为它的意思无非是说，富人可以进入曼哈顿，穷人却不可以。简直是胡来，胡来，胡来”。除非对此提出令人满意的解释，否则，市长的提案恐怕过不了关。

布隆伯格市长不妨研究一下 20 世纪 70 年代纽约州公共服务委员会为征收查号服务费所做的努力。该事件不仅说明公平性考量在公共政策决策中具有决定地位，也说明对其加以解释并不困难。

当时，纽约州的查号服务是免费提供的。改革的序幕由时任委员会主席的约瑟夫·斯威德勒（Joseph C.Swidler）拉开，完成于接任者艾尔弗雷德·卡恩（Alfred E.Kahn）。委员会认为，每通查号电话收费 10 美分，就能让消费者尽量自己翻电话簿查号码，从而把接线员和通话设备解放出来，投入其他更宝贵的任务中。

尽管对普通电话用户来说，委员会的提议只会带来好处，可它还是遭到了疾风暴雨般的抗议。甚至还有社会学家跑出来言之凿凿地说，它会威胁整个社区通信网络的完整。改革看起来是进行不下去了。

这时，委员会的官员们推出了一项小小的补救措施，一举改变了它的命运。除了每通查号电话收费 10 美分，他们还建议给每名电话用户的月费优惠 30 美分——这笔优惠，既是因为查号收费带来了额外的收入，也因为查号电话减少，节省了成本。只要消费者愿意多翻电话簿，每个月的电话费保证能降下来。于是，政治抗议一夜之间烟消云散。

见证过如此戏剧化一幕的人，想必会得出结论：民众非常看重公共政策提案会给穷人的生活带来怎样的影响，他们的看法极大地左右着提案的命运。一项其他方面近乎无懈可击的提案都差点为此泡了汤，尽管哪怕是最穷困家庭的生活标准，也不会因为每通查号电话收费 10 美分而受到什么影响。

要是布隆伯格市长希望纽约人享受到堵车收费带来的可观利益，他应当效法公共服务委员会。虽说如今开车进曼哈顿上班的大多数都不是穷人，可对一部分司机来说，每天付8美元的堵车费，还是够受的。因为政策变化遭受损失的一方，游说的猛烈程度比获得好处的一方更大，这是政治学上的铁则。不让堵车费政策因为对低收入司机的关心泡汤，市政当局有必要采纳类似电话费改革的举措。

比如，市政府可以向在曼哈顿上班的所有工人发放交通券。交通券用来支付一部分新增收费。此举可以保护少数别无选择、只能在高峰时段进入市区的低收入司机。能省去此类行程的司机可以把部分或所有交通券卖给别人。如此一来，所有纽约人都能享受到空气更清洁、交通更顺畅的好处，又无须给低收入家庭增添负担。

市政府能不能以此种方式消解人们对低收入司机的关切情绪呢？随着纽约市日增的人口年复一年地加剧交通拥堵状况，我们不如这样问：它不这样做行吗？

拒绝采纳堵车收费的情况，并不仅限于公共领域。纽约大都会棒球队的管理层最初建议对需求量最大的比赛提高票价，不少球迷也曾大声抗议不公平。我认为，对观众人数多的比赛收取较高的门票，其实更公平地在不同球迷之间分配了组织成本。

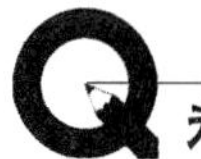

## 为什么纽约大都会棒球队要采取可变票价方案

纽约大都会棒球队的管理层在2003年春季采用可变票价方案，因为希叶露天体育场（Shea Stadium，大都会队的主场）就跟商业航班差不多。倘若一架 757 航班从机场起飞，机上乘客未满员，那么必然要损失一部分价值：航空公司损失了收入，乘客失去了搭载的机会。同样道理，如果大都会队在希叶体育场没坐满观众之前就开始比赛，对球队和球迷来说都是损失。

航空公司早就使用成熟的定价方案来填满空位，大都会队不过是采用了类似的逻辑照做罢了。2003 年以前，希叶体育场的同一个座位，每天的票价都一样。如今，票价变为四档，具体价格取决于比赛的时间以及对手球队的受欢迎程度。2003 年赛季，球迷若想在 5 月份的工作日观看酿酒人队（Brewers）的比赛，票价最低可至 8 美元，比 2002 年的 12 美元低了不少；但要想在 7 月份的星期六看贝瑞 · 邦兹（Barry Bonds）击出一记精彩的全垒打，至少得花 16 美元。

依照经济学理论，最理想的定价方案能消除高峰时期所有的额外需求，而在非高峰时期不计成本地为消费者服务。以此为标准，大都会队的做法显然算得上进步。当然了，热门比赛的票价调高，必定会招来怨言，这一点无法避免。然而，真正的问题还在于新方案的步子迈得还不够大。7 月份星期六扬基队比赛的门票，还是提前几个月就卖得一干二净，5 月份星期一酿酒人队的比赛，上座率还是不到 1/3。

背离经济学家的理想定价结构，大都会队并非孤例。为什么许多酒店、饭馆和其他行业在忙得不可开交时收费过低，在空闲的时候又收费过高呢？因为他们担心太激进的高峰时段定价会招致消费者的反感。倘若一家饭馆在周末饭菜价格翻番，消费者恐怕会非常愤怒：你们的成本并不比平常高，何以定价如此离谱？

消费者提出这个问题，原因在于误解了成本的含义。周末的原材料成本的确不比平常高，可由于就餐者比平常的日子多，服务成本涨了上来——饭馆必须增加人手，购买更多的设备，才能为更多食客供应餐点。反之，为星期二晚上的就餐者提供服务，则无须在这些项目上多花一个子儿。同样的逻辑也适用于大都会队的情况，碰到热门比赛，向额外球迷提供服务需要更大的体育场馆和更多的停车位。

拉大价格差异是否公平呢？副食店卖3磅牛肉的价格比卖1磅牛肉贵3倍，消费者不会觉得被敲了竹杠，因为购买量大，为卖方增添了更高的成本。高峰时段使用体育场或饭馆的用户该支付更高的价格，因为他们同样招致更高的成本。但由于后一类情况下的成本差异不够明显，消费者往往认为价格不同有失公道。但这其实只是一种错觉罢了。

要想填满希叶体育场的空座位，什么策略也比不上新教头率领大都会队一路赢得冠军来得更好。无论如何，让球队继续在胜利的道路上前进吧。与此同时，门票更贴近成本，对球队和球迷也都是一件好事。

1978年，我辞去了康奈尔大学的教职，到华盛顿特区的美国民用航空委员会（现已解散）当了两年总经济师。当时，该组织正在主席艾尔弗雷德·卡恩的领导下，解除对商用航空体系的管制。

管制解除后，机票大幅下调，航班次数增加，旅客欢欣鼓舞。然而，随着时间的流逝，航班增加造成了空中堵塞，飞机班次延误。如今有不少乘客似乎觉得解除空中交通管制做得太过火了。这种看法没有道理。现行体制下大多数拥堵延误状况，都是因为联邦航空管理局向航空公司收取的费用，未能反映在美国最繁忙的机场起飞、降落的市场价值。

## 为什么稀缺的机场跑道应该卖给出价最高的航空公司

2000年4月，美国国会通过了一项旨在加强纽约拉瓜迪亚机场竞争、为小众群体增加服务的法律。紧接着，联邦航空管理局大幅增加了可在该机场起降的航班数量——拉瓜迪亚机场本来就已经是全美最繁忙的机场之一了。

如此一来，机场根本没办法应付新增的运输量。为了改善窘迫的局面，航空管理局把每日航班起降数量降回了 4 月之前的水平。接下来，它采用抽彩方式，向 9 家小航空公司分配起降跑道。

以这种方式减少起降数量，显然能缓解拥堵状况。但这么做很浪费，而且注定会给地区旅客带来不公平和挫败感。

繁忙机场的跑道属于一种宝贵的经济资源，类似于热门航班上的紧俏座位。如何分配热门航班上的座位，历史教给了我们宝贵的一课，也为解决繁忙机场的问题提供了启示。

承运商往往以先到先得的方式解决同一班飞机座位供不应求的情况。倘若某班飞机只有 100 个座位，但有 120 名乘客买了票，那么能走的只有最先到的 100 名乘客。对于转机旅客而言，这类似赌运气。如果你乘坐的前一班飞机晚点了，后一班飞机你也别指望坐上了。

这一解决办法不曾考虑到人们的不同需求。日程安排紧的人往往只能干等，而时间较为宽松的人却上了飞机。

机场过分拥堵也会带来类似的问题。诚如飞机的搭载能力有限，机场的吞吐能力也是有限的。每当一架 19 座的小型飞机在拉瓜迪亚起降，另一架更大的飞机，比如载有几百名乘客的波音 757，它的起降要求就只好遭到航空管理局的拒绝。如今，即便是获得拉瓜迪亚机场使用权的承运商，飞机延误和班次取消也是家常便饭。更重要的是，大量愿意在拉瓜迪亚机场提供大型航班服务的承运商完全得不到使用权。这就意味着部分旅客将被迫使用不那么方便的机场，或是在航班客满时坐等下一班。碰到这两种情况，把不便之处降到最低限度对我们来说都是很有利的。

从这方面来说，拉瓜迪亚的抽彩比先到先得还糟糕。它不仅不想办法减少滞留机场的乘客数量，甚至还把跑道留出来分配给以小型飞机为小众群体服务的承运商，从而增多了滞留乘客。

解决上述两个问题分明有更好的方法。1979 年，民用航空委员会向承运商提出要求，碰到飞机超载，要以现金补偿、免费机票或其他方式鼓励乘客自愿放弃登机。乘客可以自由决定是等一等，还是赶时间。赶着去办事的人肯定不会自愿放弃登机。委员会的提案得到采纳。很快，业内就公认它比先前的做法更公道、更高效。

拉瓜迪亚稀缺的跑道也可以按类似的方式进行分配。航空管理局不用再抽彩，而是把它们卖给出价最高的航空公司。如果一条跑道的市场价值是 5 000 美元，那么对准载 20 人的航班，航空公司必须要求每名乘客多掏 250 美元的机票钱，而对于准载 200 人的航班，每名乘客只需多掏 25 美元。故此，乘坐小型飞机的旅客要么换用不那么繁忙的时段，要么改到不那么繁忙的机场。

拍卖方法能够解决机票售出过多的问题，因为它给了乘客一个不使用稀缺座位的动机——除非乘客认为该座位对自己的价值高过拍卖价。同样地，拍卖繁忙机场的跑道，为航空公司带来了一个只在价值足够高的时候使用机场的动机。

当然，要是爱荷华州埃姆斯市的旅客想到纽约观光，上述措施对他们可没什么好处。不过他们可以飞到临近的机场，尤其是韦斯特切斯特（Westchester）或长岛的机场。再说，要是航空管理局真心想帮助小众群体，仍然可以把稀缺的跑道卖给出价最高的航空公司，然后以现金赔偿为此遭受损失的小众群体。

即便这种补偿不够实际，我们也应当鼓起勇气，大胆承认：要想把航空旅客的不便降低到最低限度，最好的办法就是对在拉瓜迪亚机场起降收取可观的费用。

为什么有时候收税是提高商品价格，使之靠近边际成本的最便利方式呢？《华尔街日报》曾刊登了一篇报道，说 SUV 因为个头大，比普通轿车更安全。之后，基思 · 布拉德舍（Keith Bradsher）在《趾高气扬》（*High and Mighty*）一书中指出，只有正面相撞时，SUV 才更安全；可因为 SUV 车身高大，容易翻车，开 SUV 的司机比开轿车的司机更容易在事故中受伤或丧命。但不管 SUV 到底是不是比轿车更安全，它们的大块头显然提高了其他司机受伤或丧命的风险。从这个理由看，对其额外收税很有道理。

## 为什么应该向 SUV 收税

过去 10 年里的每一年，生产重量级 SUV 的制造商都赚得盆满钵满。SUV 现占福特公司总销售量的近 20%（1990 年才 5%），公司新推出的“远足”（Excursion）持续热卖，每辆车能带来 18 000 美元上下的利润，比普通的客车高好几倍。

根据近期的一次评估，在福特 2008 年报告的 72 亿利润中，大部分均来自远足和其他巨型车。

如今，公司的现任董事长，创始人亨利 · 福特的曾孙——威廉 · 福特二世（William Clay Ford Jr.），开始表达另一种想法。身为热心的环保主义者，他承认远足的油耗（城市油耗为每加仑 15 公里，高速公路为每加仑 18 公里）恶化了全球变暖趋势，它庞大的块头（2.8 吨多——足足是本田思域的三倍）给其他司机带来了危险。

当其他环保分子用“福特污染”嘲笑公司的利润明星时，想必福特先生良心上不太好受。但他真的做了什么坏事吗？消费者把白花花的票子投到了大型汽车上，如果福特不满足他们的需求，自然有别的公司愿意干。

坚持生产小型车或许能宽慰福特先生，但肯定会给股东们带来特大灾难。

这样看起来，如果真要批评谁，难辞其咎的该是消费者。但仔细推敲，人们不过是想保护家人，不希望他们因为交通事故丢了性命，这又有什么错呢——毕竟，更大意味着更安全。

《华尔街日报》上新近刊载了一篇研究报告，报告发现，当今最安全的 5 种车型全是 SUV，平均重量是两吨（远足不在其列，因为进行研究的时候还没法获得该车数据）。在《华尔街日报》研究确认为最安全的 50 款汽车中，18 款为 SUV，23 款为大型皮卡或小货车，只有 9 款为普通轿车，而且是体积庞大的那种，比如重达 1.86 吨的林肯加长礼宾车，仍为福特出品。

然而，仅凭制造商和消费者理性地应对当前刺激这一点来看，并不能说它是正常的。恰恰相反，环保人士指出的问题切实存在，对制造商和 SUV 驾驶员进行的道德谴责也将持续下去。

实际上，这些问题的存在恰恰是因为人们对现有刺激采取了理性应对造成的。原因在于，道路安全更多地取决于汽车的相对体积，而不是绝对体积。如果所有的家庭都购买较小的车型，我们便能拥有更清洁的环境，任何一个家庭的安全也不会因此受损。

可单个家庭能选择的只有自家汽车的体积。它不能规定其他人买什么样的车。故此，单方面购买较小车型的家庭，会因为单方面“解除警备”而给自己招来危险。

社会批评家再费尽口舌，也阻止不了 SUV 销售量上涨造成的危害。然而，身为热爱自由的美国公民，很少有人会乐意让政府来规定哪些车对环境好或不好。

开污染环境的大块头汽车会给其他人带来伤害。考虑到这一不容否认的事实，唯一可行的办法是给自己一个在选购汽车时考虑此种伤害的动机。

政府按重量对卡车收税，没人抱怨，因为卡车的重量能很清楚地表明它对道路的破坏性有多大。出于同样的道理，我们可以考虑根据车的重量、排放量、燃油经济性来对其征税。

要是威廉·福特二世对福特公司在当今环保问题中扮演的角色感到不安，他和公司的管理者们恐怕应该放弃长久以来反对此类政策的立场。

## 人类的掘墓者

曾几何时，江上之清风，山间之明月，耳得之而为声，目遇之而成色，取之无禁，用之不竭，是造物者之无尽藏。如今清风卷沙，明月难觅，历史变迁，诚非古人可料。现代人或许已经习惯于饮水付费的生活方式，然而，一旦价格有所变更，却又敏感起来。我们不解，为何提高水价。我想，如果苏轼再生，他甚至好奇，这个社会怎么喝口井水还要钱！

或许马克思也正巧复生，会回答说，水本无价值，然而自来水公司对水搬运、消毒、传输到你身边需要价值，于是本无价值的水也要交钱。苏轼或许会满意这个答案，然而现代西方经济学家有新的思考。

人口的激增和科技的进步使得清风、明月、淡水、空间等历史上原本相对于人类有限需求几乎是无穷大的自然资源变得非常有限。现代社会可以轻松污染掉整条河流，可以迅速将一大片陆地盖满楼房，再放上密密麻麻的汽车。科技进步给人类带来巨大便利的同时，也客观要求人类的生活方式主动做出调整。如果我们不加节制，而滥用现代科技；如果我们不自我约束，而尽情享受科技，带给我们巨大便利的科技将最终成为我们人类的掘墓者。

幸运的是，人类做出了积极的反馈——对使用自然资源收费！这是需要对水、电、交通等收费的根本出发点，也是调整水、电等价格的主要动因。而具体收多少，如何调？这就要借用经济学的一个关键词汇：边际成本，即最后一个单位的生产成本。只要允许人们以低于实际成本的价格购买宝贵的资源，他们就有动因去浪费。可以设想一下，如果不收水电费，将会有多少人把每天洗澡的时间翻倍，又会有多少人把空调调到最低的温度然后盖着被子睡觉?

要提高资源的使用效率，从一般意义的资源稀缺程度来说，不是水电费太高，而是太低；不是费项太多，而是太少。只有逐步改革目前实行的对资源品的限制低价，使价格逐步反映真实成本，并通过财政二次分配，对低收入者给予相应补偿，打破资源部门的垄断，才能更有效地减少浪费，实现真正的社会和谐。

# 07

# 能源与环境

The Economic Naturalist's Field Guide

- 为什么合理的政策“在政治上绝无可能”
- 为什么燃油税给民众带来了更多实惠
- 无效的政策会是帮助穷人的好办法吗
- 为什么外国的燃料补贴会让美国人更贫穷
- 群体行为如何影响日常购买决策

在提炼汽油时，有毒废弃物给所有人都带来了沉重的成本，不光是汽油的生产者和消费者。类似地，人们开车燃耗汽油，也给他人带来了交通堵塞和温室气体。经济学家把这种溢出效应称为“负外部性”（Negative Externality）[①]，也正因为它们的存在，看不见的手在能源市场简直没发挥什么作用。

一种商品的生产或消费带来负外部性，往往说明它生产和消费得太多了。为遏制由此造成的损害，政府一度采用命令 - 控制式方法，规定该怎么做，不准怎么做。比如，政府要求厂商在烟囱上安装特殊的过滤装置，或限制其污染排放物不得超过前一年的比例，司机只允许按车牌号最后一位数字在单号或双号日子购买汽油，等等。

这种方法的问题在于它没有考虑到有些人能更有效地减轻溢出效应或负外部性。比如，我们的目标是把硫排放量减少一半，那么，我们当

① 也称外部不经济，是指生产或消费给其他人造成损失，而其他人却不能得到补偿的情况。——译者注

然希望以尽可能最低的成本实现这一目标。但要求所有生产商均减少一半的二氧化硫排放量，显然不能实现上述结果。

原因如下。假设某一地区只有两家企业排放二氧化硫，每家的排放量是每天 200 吨。一家厂商掌握了一种技术，能以每吨 15 美元的成本减少排放量；而另一家掌握的技术，减排成本为每吨 50 美元。如果我们要求两家厂都减少一半的排放量，那么总成本为每天 6 500 美元（前一家厂商 1 500 美元，后一家厂商 5 000 美元）。但假设第一家企业完全不再排放二氧化硫，也可达到我们的目标。此时的总成本仅为每天 3 000 美元（全由第一家企业负担），还不到每家企业排放量减半时的 50%。

要是有人对这种实现目标的方法表示怀疑，请想想前面我们提到的那句谚语：馅儿饼越大，人人都可分到比先前更大的一份。换个假设，我们要求两家企业各减少 100 吨的日排放量，那么第二家企业宁愿每天付给头一家企业至少 1 500 美元（在先前安排下能改善第一家企业境遇所需的最低额度）、至多 5 000 美元（第二家企业在先前安排下的减排成本）来帮忙减排。

减少污染的最有效方法，在本质上不可能靠命令 - 控制式方法实现，因为管控者没办法了解不同企业掌握的控制污染的技术细节。但把减少污染的重任集中交托给能以最低成本实现之的企业手中，这是有可能的。方法是对每家企业的排污吨数收税。倘若企业掌握了能以低于税款的成本过滤污染的技术，必然就有了采用这些技术的动力。而没有掌握相关技术的企业，继续排污并纳税反倒来得便宜。

最终结果是，各家企业高效而公平地实现了减排目标——说它高效，是因为凡能够廉价减排的企业统统都减排了；说它公平，是因为未能掌握减排技术的企业统统额外缴了税。

下面，我将探讨税收政策如何为我们带来更清洁、更畅通的环境。首先，我们来看看反对燃油税的强大政治阻力，这其实是来自对潜在经济原理的根本性误解。

## 为什么合理的政策“在政治上绝无可能”

假设某个政治家许诺说，他有个简单的提案，一旦被采纳，能为美国消费者节省数千亿美元，极大地缓解交通堵塞状况，改善城市空气质量，大幅减少温室气体排放，降低美国对中东石油的依赖性。该政客还许诺说，这套计划不需要美国家庭白白掏钱，不会带来额外的条条框框，也不会扩大官僚机构。

经济学家经常提醒学生，要是有什么东西听起来好得难以置信，你最好就别信。所以，这位政客的说法一定会招来公众的怀疑。但国会本可以马上就颁布一项真正能实现上述结果的政策，即对每加仑汽油征收两美元的燃油税，同时降低工资税，偿还美国家庭为此增加的支出。

最近几年，自由派和保守派经济学家都频频提出这类提案。可批评家们总是不屑一顾，说它们“在政治上绝无可能”。

倘若燃油税能改善所有人的境况，为什么会绝无可能呢？让我们回过头去看看第一轮类似提案的下场——以燃油税方式减少对中东石油依赖，从中或许能找出点眉目。1979 年，美国正因为石油输出国组织的第二次石油禁运乱成一团。为鼓励节约，吉米·卡特总统建议对燃油课以重税，并降低工资税，退还所得收益。

卡特先生的对手对这一提案发起了言辞激烈的抨击，认为既然消费者缴纳的燃油税又都回到了他们兜里，燃油消费量必然还跟从前一样。不少人都觉得是这么个道理，结果，卡特总统的提案在众议院只得到了 35 张赞成票。

这次事件似乎给政治决策者们留下了难以磨灭的印象。直到今天，仍然有许多人相信，左手征、右手退的燃油税提案在经济上说不通。但事实上，说不通的是批评卡特的论点，它们从根本上误解了此类计划是怎样改变人的机会和动力的。

举些例子有助于说明这类项目的运作方式。平均而言，目前一个四口之家每年消耗差不多 2 000 加仑汽油。如果征收每加仑两美元的燃油税后，所有家庭继续消耗等量的汽油，则每个家庭平均每年要额外支付 4 000 美元的燃油税。这样的话，一个典型的双职工家庭可得到 4 000 美元的工资退税。诚如批评卡特的观点所说，要是所有其他家庭都继续购买跟从前一样多的汽油，那么，这个家庭的退税也足够他们这么做。

但事情并不会像这样发展下去。假设该家庭正打算换掉用了很多年的福特开拓者，这款车每加仑汽油能跑 20 公里。那么，它可以再买一辆开拓者，也可以购买福特新推出的福克斯。两款车的装运能力差不多，但福克斯每加仑汽油能跑 40 公里。选择后者，每年立刻能节省 2 000 多美元的巨款。当然，不一定所有的家庭都会换车，但至少有一些家庭会这么做。

从 20 世纪 70 年代的经验来看，我们知道，一旦汽油涨价，消费者不仅会购买更省油的汽车，还会减少出行里程，结成拼车互助组，搬到离工作单位更近的地方。倘若所有家庭购买的汽油都减少到从前的一半，退税就不再是每人 2 000 美元，而是 1 000 美元。这样一来，除非在其他东西上少花 2 000 美元，前述典型的双职工家庭再不可能购买跟从前一样多的汽油。故此，和批评卡特的意见相反，左征右退的燃油税项目不仅会深深地改变我们的行事动力，亦会改变我们面临的机会。

采纳高燃油税制度的第二道障碍是，小政府倡导者们无休止地强调，税收是坏东西。例如，副总统迪克·切尼（Dick Cheney）就反对提高燃油税，他说当局一直信奉"价格应由市场力量确定"，高燃油税显然与此矛盾。可就连最积极的自由市场经济学家也坦承，当前的油价太低了，因为它们未能反映与燃油消耗相关的环保和对外政策成本。要不是小布什总统让民众染上了石油成瘾症，政府规模本来可以更小些，经济也可以更加欣欣向荣。

现在的油价是每加仑 2.5 美元，再加收两美元的税，相当于提价 80%（仍然比欧洲的油价低 1 美元）。证据显示，油价涨到这个程度，短期内能减少 15% 以上的消耗量，长期可以减少约 60%。这还仅仅是个开始，因为高油价能驱使各厂商竞相推出省油新技术。

左征右退的燃油税提案拥有广泛的支持群体。自由主义者和环保主义者支持它；诺贝尔奖得主加里·贝克尔（Gary S.Becker）和反税活动家格罗弗·诺奎斯特（Grover Norquist）也为此背书；小布什总统的前总经济师格里高利·曼丘（N.Gregory Mankiw）也一而再，再而三地宣传它。

在百年以后的炽热天气里，汗流浃背的历史学家们一定会绞尽脑汁地琢磨，为什么增收燃油税的提案，古人觉得它在政治上绝无可能呢？

人们对税收政策有着极为强硬的看法。许多人都承认，提高油价可能确实会带来一些好的结果，但又觉得我建议的加税做法会搞得他们收支不平衡。下面，我尝试解答他们提出的疑问。

## 为什么燃油税给民众带来了更多实惠

在医师誓词[1]的最初版本上，到底有没有“首先，你莫要害他”这句话，历史学家们还存有不少争议。但说这句忠告不仅适用于医生，也适用于所有受我们委托、代表我们行事的人，恐怕不会有人提出反对。然而，不少政府官员似乎是铁了心对其视若无睹。举例来说，燃油涨价就引发了一次提案潮，这些政策执行起来弊大于利。

南达科他州参议员约翰·图恩（John Thune）提议取消每加仑18.4 美分的联邦燃油税。此外，纽约和其他 12 个州也提出了类似取消联邦税的提案。这些提案在经济上根本不合理。取消燃油税，只能在短期内起到有限的缓解作用；从长期来看，注定会给消费者带来新的财务负担。

最直接的问题是，美国减税，石油输出国组织立刻会做出反应。石油输出国组织是紧盯着司机的购买能力设定价格标杆的。故此，跟它打交道与跟理性的绑匪打交道差不多，后者的需求来自受害者家人的支付能力。受害者的家人得到了可见的经济帮助（如获得遗产），只会提高绑匪勒索的额度。同样，既然石油输出国组织现在发现司机付得起每加仑 3 美元的油价，那么一旦美国降低燃油税，它的最佳应对方式就是再度提高石油价格，让汽油的价格继续维持在 3 美元的水平。

更普遍的问题是，降低燃油税会带来高能耗的消费模式。联邦为此损失的收入，也必然会以提高其他税种、向外国借更多款（到了期限，纳税人必须全额偿还，而且带利息）、进一步削减宝贵的公共服务等方式补足。

燃油涨价是因为石油供应量逐渐减少，可世界对它的胃口越来越

① 指希波克拉底誓言，成文于 2 400 多年以前的古希腊时代。——译者注

大。立法机构不可能战胜供求原理。要缓解日益普遍的能源短缺问题，我们必须减少能源消耗。而为了达到这一目标，油价必须更高，而不是更低。

故此，实现这一目的的最有效途径，恰恰是跟图恩参议员的建议对着干。我建议对每加仑汽油额外征收两美元的税，之后将所有的收入滚入共享库，以降低工资税的形式，退还纳税人大致等额的补贴。

由于个别消费者获得的退税跟他们缴纳了多少燃油税不挂钩，征税后的较高油价必能极大地鼓励人们节约用油。这不仅能减少我们对进口石油的依赖，还能缓解交通拥堵和环境污染问题。再说，正如削减燃油税会怂恿石油输出国组织进一步涨价一样，提高燃油税则可能迫使它打消此念。

和所有此类提案一样，成败维系于细节。任何政策变化，损失一方的惨叫声总是比得利一方的欢呼声更大。只有增税所得的收益公平分配给民众，才能实现皆大欢喜的结果。

对于我建议的工资税退税，有人很快发现了其中的不足之处。比如，它不能帮到退休人士，因为他们不交工资税。这样的话，我们可以采用提高社保金额的方式补贴退休者。因为退休人士开车大多比在职员工少，所以这笔补贴应小于工资退税。

企业同样可以依据行业与公司规模燃油消耗的历史数据模式获得退税。为提倡效率，退税额不跟企业当前的燃油消耗量挂钩，是设计此一制度时的要点。

高燃油税会给福特、通用这些以轻型卡车和 SUV 为重点产品的汽车厂商造成威胁吗？高燃油税会让需求从这类车型转向更节能的车型，但厂商也可以通过调整产品线来应对。我们可以设定一个较长远的施行日期，比如 2012 年 1 月，然后按每个月 10% 的幅度逐渐调高税率，从而实现平稳过渡。

低收入司机会不会买不起新款的省油车型呢？渐进式税率也为他

们提供了宝贵的过渡时间。他们可以在若干年内报废现有汽车，购买新近生产的、更省油的二手车。退税照样可以采用累进的方式。

还有一些人担心新税率可能引发通货膨胀。但和 20 世纪 70 年代的汽油涨价不同（那次给石油输出国组织送了几千亿美元），燃油税所得的收入全部留在美国国内。由于增税，生产或流通环节大量使用燃油的产品，价格会有部分上涨。可即便现在没有增加燃油税，生产这些产品所需的燃油也给美国人民带来了沉重的环境和外交政策成本。高燃油税鼓励节约用油，故此可以抵消一部分增税成本。

一名学院派经济学家提倡高燃油税，冒的风险比政客小。但这样的提案到底牵涉到多大的政治风险呢？根据《纽约时报》和 CBS 新闻台新近所做的民意调查，只要高燃油税能降低美国对进口石油的依赖心，55% 的人愿意支持。考虑到这样的结果，在一场大范围的能源短缺危机中鼓吹取消燃油税，实在并未表现出什么大胆的政治领袖作风，倒有点像是肆无忌惮的政治贩子。

政治决策者们试图把价格限制在边际成本之下，主要是希望避免给低收入群体带来难以承受的负担。可由于人为的低价必然招致浪费行为，反而把经济馅儿饼弄得比价格等于边际成本时更小了。

**2008 年总统选举期间，约翰·麦凯恩和希拉里·克林顿主张缓征夏季燃油税，经济学家们纷纷表示反对。我想说，两位参议员并未真正理解经济学家们联手反对的幕后原因。**

## 无效的政策会是帮助穷人的好办法吗

亚当·斯密的当代信徒对他著名的“看不见的手”概念表示出前

所未有的热情。他们说，斯密的主张是，在看不见的手的引领下，单纯自利的个体能为所有人带来最大的利益。可惜，斯密本人从未沉迷于这样的幻想。

恰恰相反，《国富论》中的这句比喻，描述的是一个相当谨慎的逐利企业主。书中形容他，“在这场合（其他许多场合也一样），他受着一只看不见的手的指引，尽力达到一个并非他本意的目的。”接着又说，“也并非因为事非本意，就对社会有害。追求自己的利益，常常使人能比真正出于本意的情况下更有效地促进社会的利益。”

简而言之，斯密懂得，看不见的手往往是良性的，但并非永远如此。

明白这一点，对我们理解宏观经济政策，尤其是在美国总统选举活动中因燃油税问题引起的喧嚣，有着重要的暗示。

如果你和斯密的当代信徒们持相同看法，认为无拘无束地追求个人利益，总能为社会带来好处，你恐怕会把所有的税收都当成可悲可叹的坏事——固然为修路和国家安全所必需，但大大扯了经济效率的后腿。依照这种观点，问题出在税收扭曲了看不见的手用来指导资源进行最优配置的价格信号。

更审慎地考察斯密的立场，可以发现他对税收的看法与此并不相同。当市场价格能传达准确的成本和价值信号时，看不见的手能推动共同利益。但价格经常与成本及价值相背离，这种时候，税收其实反倒帮助了资源实现价值更高的用途。

不妨仔细看一看为什么看不见的手能在诸多普通市场运作自如。以马铃薯市场为例：在此市场，马铃薯的生产和销售是由数以百万计的独立核算成本效益的农民决定的。只要收益足以负担生产成本，追求利润的卖家就会提供额外的一磅马铃薯。

当最后一磅马铃薯的生产成本恰好等于其价值时，市场达到均衡状态。倘若直接由卖家负担的成本是扩大马铃薯生产的唯一相关成本，买家的收益是唯一相关的收益，那么，看不见的手就恰到好处地发挥了作用。

然而，很多其他商品的生产和消费，其成本和收益不光由买卖双方负担，还落在了其他人身上。比如，生产额外一加仑汽油，不光要厂商负担生产成本，还需要其他人负担它的污染成本。和之前一样，市场力量会驱使生产不断扩大，直到卖家生产最后一单位产品的直接成本恰好等于它对买家所具有的价值。但由于每加仑汽油还会带来外部污染成本，生产最后一加仑汽油的总成本高于它对消费者所具有的价值。

结果使得汽油消费高到了过分的地步。假设最后消费的一加仑汽油污染成本是两美元，但它 4 美元的市场售价仅负担了其直接生产成本。减少一加仑汽油的生产和消费，消费者损失了价值 4 美元的燃料，生产者省下了 4 美元的生产成本，两者恰好抵消；此外节省的两美元污染成本，则是整个社会的净收益。

通过这个简单的例子，我们可以看出，当一种产品的市场价格并未反映相关的所有社会成本和收益时，看不见的手就罩不住了。此时，最简单的解决办法就是利用税收遏制该产品的消费。

这么做不仅能为公共服务筹措资金，还能更有效地分配社会资源。故此，当参议员约翰·麦凯恩和希拉里·克林顿最近建议缓征夏季联邦燃油税的时候，经济学家们几乎普遍感到了沮丧。

两位参议员的提案，表面目的是减少油价陡增给人们带来的经济负担。但没用的政策，从来不是帮助人们缓解经济压力的最佳途径。

效率事关重要，因为凡是能够做大经济馅儿饼的政策，必然能让所有人分享到比从前更大的一份。经济学家反对取消燃油税，是因为这么做会让经济馅儿饼变小。

当然，看到一路走高的油价洗劫了数百万选民的钱包，政治家们很难无动于衷。但正如已故的经济学家阿巴·勒纳（Abba Lerner）所说，穷人面对的主要问题是他们钱太少。最好的解决办法不是给他们降价，而是提高他们的收入。比如，有针对性地降低低收入职工的工资税，或提高劳动所得税补贴。

取消燃油税会同时鼓励富人和穷人夏天多开车。它还会带动高油耗车型的销量。由于燃油税可以减少浪费，实际上为帮助低收入家庭带来了更多可用的资源。

很多产品的生产和消费会给局外人带来成本，汽油就属于其中之一。此外，噪音大的商品，比如吹叶机，能把整个街区闹得天翻地覆。难以生物降解的产品，如多种塑料袋，成了昂贵的浪费之源。类似的例子数不胜数。

看不见的手失效实际上是个好消息。毕竟，我们总需要对什么东西收点儿税才能为公共服务埋单。对产生不良副作用的消费征税，我们不仅能够获得足够的收入消除预算赤字，还帮忙将资源付诸了价值最高的用途。

由于这种税能让经济更高效地运作，说它给低收入家庭造成了负担并不成立。还是那句话，有效的政策总是将经济馅儿饼做到最大。有了更大的馅儿饼，每个人都能分到更大的一块。

在一个国家的疆土之内设计和执行合理的经济政策已经够难的了。接下来，我将解释为什么倘若其他国家采用糟糕的经济政策，哪怕是最成功的尝试有时也要被迫妥协。

## 为什么外国的燃料补贴会让美国人更贫穷

十多年前，一个国家奉行糟糕的经济政策，要埋单的只有本国公民而已。然而，在当今全球化经济之下，这副担子落到了更多人肩上。

发展中国家为保护国民免受油价高涨之害提供燃油补贴，就是一个切题的例子。基思·布拉德舍在《纽约时报》上说，许多发展中国家都利用补贴控制国内油价，使之远远低于世界市场价格。结果，这些国家消耗的燃油大大超过了本来的水平。

据估计，2007 年全世界石油消耗量增加的部分，几乎全是实行燃油补贴政策的国家带来的。没有这一人为的需求刺激，世界石油价格应该低得多。例如，2008 年夏初，中国取消燃油补贴，国内油价上涨 17%，反映在世界石油价格上，则是每桶降了 4 美元。

指望其他国家的政府放弃补贴，好让开着 SUV、住着大房子的美国人从较低的世界能源价格中得利，显然很不现实。但看一下经济学上的压倒性证据，或许会让这些政府对现行政策重做考虑——燃油补贴只会造成净损失，哪怕是对表面上得了实惠的国内民众也不例外。

毫无疑问，燃油价格高，会让经济遭受损失。然而，不幸的现实在于，当进口资源的价格在世界市场上涨，买家必然要承受重创。提供燃油补助无助于减少必然损失，甚至还会恶化事态。

问题是，倘若商品的价格低于成本，人们就会浪费。一加仑汽油对一个国家的成本是因它招致的每一额外损失的价值。这不仅包括要按世界市场价格购买一加仑汽油，比如 4 美元，还包括了外部成本，如日益严重的空气污染和交通堵塞。外部成本往往难以衡量，但真实存在。合理的评估相关要素，使用一加仑汽油的实际成本明显大于 4 美元。与此形成对照的是，用户支付的汽油价格，仅仅是加油站的报价。再加上每加仑两美元的补贴，从国际市场以 4 美元买来的汽油，在国内市场仅售两美元，或者说，比汽油的实际经济成本要少两美元多。

想想看，卡车司机在决定是否接受一份拉货的工作时，上述价格差异对他会有怎样的影响呢？理性的卡车司机会使用基本的成本效益测试。该测试认为，只要做某事的效益不小于成本，就该做。假设上述拉货的活计需要耗费 1 000 加仑的燃油，按照每加仑汽油两美元的补贴价，燃油总支出是 2 000 美元。倘若卡车司机的时间和设备成本是 1 000 美元，那么，从他个人的角度考虑，只要托运人至少愿意支付 3 000 美元，他就该接受这份工作。假设托运人不多不少刚好愿意付这笔钱。

问题是，如果卡车司机按这个价格接受了该工作，整个国家会遭受 2 000 美元以上的损失。3 000 美元足以负担卡车司机的个人成本，可政府要为他消耗的 1 000 加仑汽油额外提供 2 000 美元的津贴。除此以外，这趟行程还会带来污染和交通堵塞成本。故此，燃油津贴鼓励他接受这份工作，意味着整件事的净效应相当于把 2 000 多美元投入了火坑。

浪费总归是有害的。对此持怀疑态度的人只需回想一下前面说过的一句话：做大经济馅儿饼，人人都有可能分到比从前更大的一份。利用燃油从事成本超过收益的活动，只会缩小经济馅儿饼。

支持补贴政策的人说，要是按国际市场价格销售燃油，国内一定会出现强烈的政治抗议。然而，燃油补贴是一种浪费，暗示着肯定有其他成本较低的方式维持和谐稳定。

还是以前面的卡车司机为例，他接受了一份收益刚好能负担时间、设备和补贴后燃油成本的工作。假设政府换一种做法，取消对他消耗燃油的 2 000 美元补贴，直接对他减税 1 000 美元，并将省下来的 1 000 美元投入公共服务。因为卡车司机从运输工作中的所得仅够负担他的成本，那么光是靠着减税，他也比获得燃油补贴时多得了 1 000 美元。政府对公共服务的额外支持，还将强化这一收益。简而言之，减税比燃油补贴更能平息政治抗议，因为它跟后者不同，不会鼓励成本超过收益的运输活动。

如果美国总统敦促发展中国家取消燃油补贴，理由是它们会让美国人承受较高的能源价格，谈话可能很快就会陷入冷场。但我们完全可以对谈话重新做个定位。

燃油税建议是个很好的切入点。不光只有发展中国家的燃油售价远远低估了它带来的实际社会成本。举例来说，尽管美国没有直接的燃油补贴，可现行燃油税对使用燃油造成的污染和交通堵塞成本大大估计不足。采用类似碳排放税（两党的主要总统候选人都曾就此发表过提议）的方式，有助于消除燃油带来的实际成本与收益的背离。

等奥巴马总统向其他国家的领导者解释为什么取消燃油补贴能做大整体经济馅儿饼时，上述言论能够起到很好的铺垫作用。由于最终所得的效率收益可以进行再分配，让每个人都分到比从前更大的一块馅儿饼，这一理念应该相当容易推销出去。

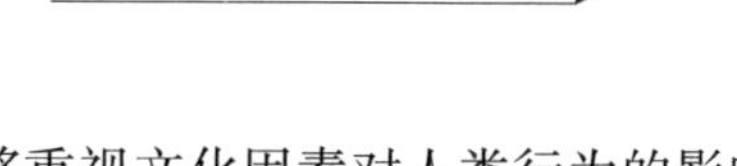

批评家们经常谴责经济学家不够重视文化因素对人类行为的影响。大多数时候，这一控诉说得有理。但同样有不少人忽视了文化规范和实践本身也是由经济因素所塑造的。下面，我要检验一下美国公众对 SUV 的短暂爱恋。

## 群体行为如何影响日常购买决策

跟其他动物一样，群体本能对人类有着莫大的影响。

不相信这一点的，不妨去找一部名叫《想对裸女说点啥》（*What Do You Say to a Naked Lady*）的影片看看。这部电影拍摄于 1970 年，导演是艾伦·芬特（Allen Funt），“偷拍镜头”（Candid Camera）节目的开山祖师。有一幕讲述了一位男士看到招聘广告后去求职。他来到会客厅，那儿坐着其他一些人，表面上也是来找工作的，其实是芬特布置的“托儿”。这些人不约而同地站起身，开始脱衣服。不知内情的倒霉应聘者吓坏了。没过多久，他也站起身来脱掉了衣服。这一幕结束的时候，男人仍然赤身裸体地站着，一副等候传唤的样子。

显然，群体本能会带我们误入迷途。然而，很多时候，这种仿效他人的冲动也可给我们带来好处。毕竟，不汲取他人的智慧与经验，我们根本没办法应对生活中一波接一波的复杂决策。

经济学家越发意识到，群体行为能解释不少日常购买决策。SUV 就是一例。群体行为有助于我们理解这一市场从 20 世纪 90 年代以来的爆炸式发展，以及它即将来临的大崩盘。

早在 1935 年，雪佛兰巨无霸（Chevrolet Suburban）就投产了。但一开始，它跟同类车型几乎仅限于商业用途。1963 年吉普瓦格耐尔（Jeep Wagoneer）和 1966 年福特野马（Ford Bronco）问世以前，根本就没有家庭 SUV 市场这一说。直到 1975 年，SUV 也仅占整个汽车销售份额的 2%。

到了 20 世纪 90 年代，它几乎成了汽车史上最成功的车型。1990 年 SUV 的销量不过区区 75 万台，到了 2000 年，便陡增至 300 万台。2003 年，美国卖出的汽车里 23% 都是 SUV。

如此惊人的发展轨迹，按传统的消费者需求决定因素没法解释。燃油便宜起了一定作用，可显然还不足以说明原因，因为几十年前燃油更便宜。同样地，平均收入有所增长也不是决定因素，因为没有 SUV 的那几十年，人们的收入增长速度更快。

无论如何，为什么较富裕的人想把轿车换成卡车底盘的 SUV，有点令人费解。不少参与设计此类车型的工程师都很惊讶为什么它能卖出那么多辆。早期的广告，外加诸如“开拓者”“探险者”一类的车名，强调的是此类车型的越野性能。但诚如一位工程师的俏皮话，大多数 SUV 唯一可能越把野的场合，就是主人喝醉了，找错了自家的车道。

安全性也无法解释 SUV 的成功。《纽约时报》的记者基思·布拉德舍在《趾高气扬》一书中指出，SUV 车身重，在跟较小车型发生正面碰撞时具有一定优势( 对方汽车的乘客可就惨了 )。可它们操纵性差、车身高，容易发生侧翻，兼之刹车距离长，平均起来实际上比普通轿车更危险。

最后，SUV 承载容量大，同样说明不了它们何以大受欢迎。因为小货车和旅行车都能提供差不多的容量，而且并未牺牲操纵性和燃油经济性。

要理解 SUV 销售量的爆炸式发展，我们首先要看收入增长新模式带来的需求变化，以及其他人对需求上的这些变化做出了什么样的反应。第二次世界大战刚结束后的 30 年里，社会各个阶层的收入增长速度差不多，可 20 世纪 70 年代中期以后，收入增长的主要是富裕阶层。在这一变化的推动下，当时还在英国人手里的路虎公司，于 1987 年把旗下的“揽胜”( Range Rover ) 投入美国市场，并标上了那时看起来高得惊人的基本价：31 375 美元。

尽管揽胜把持着豪华 SUV 市场，高收入群体也轻松买得起，可它的早期销量并不乐观。转折点出现在 1992 年：在罗伯特 · 奥尔特曼 ( Robert Altman ) 的电影《超级大玩家》里，蒂姆 · 罗宾斯 ( Tim Robbins ) 饰演的男主角格里芬 · 米尔是好莱坞的制片人，想要什么车都买得起。他选中了谁呢? 一辆在仪表盘上装了传真机的路虎揽胜。

群体本能的一个重要特点在于，人们更乐意仿效收入较高的人。看到有钱的制片人坐在揽胜的方向盘后面，人们立刻把这当成了“大玩家”该有的派头。随着购买这款车的高收入顾客越来越多，它也越来越吸引人。等其他汽车制造商开始以较低的价格提供同类车型时，SUV 的销售量出现井喷。

成也萧何，败也萧何。早在油价还不太高的时候，不少城市司机就提出了怀疑：开一辆操纵性差、油耗高 ( 每加仑汽油才能开 15 公里 ) 的越野车，到底有什么好处呢? 如今油价涨到了每加仑 3 美元多，

SUV 的魅力彻底消失。倘若从前开一辆 SUV,就好像穿着一件写有“我是个大玩家”的 T 恤，那么到了今天，T 恤上的句子变成了“我是个傻帽儿”。

一旦产品带给人这样的感觉，它也就闹腾不了多久了。随着经销商积压的库存车越来越多，SUV 的价格直线下降。在有些地方，只要有人愿意购买自家品牌的 SUV,通用提供每加仑 1.99 美元的油费补贴，福特提供相当于 1 000 美元的免费汽油。

2005 年 9 月 30 日，福特的巨无霸远征者挥别了路易斯维尔装配线；通用最大的 SUV 悍马 H1 也在 2006 年 6 月正式停产。

随着群体趋势彻底转向，高油耗的巨型 SUV 时代可能很快会落下帷幕。

## 巴曙松点评

## 谁藏起了最好的马

经济学界有一句名言：在完全市场条件下，把钱放在口袋里与放在钱包里没啥区别。当然，经济学家本身也知道，在现实生活中，区别还是有的，而且经济学家也通过行动来不断反践这一名言：有的人倾向于把自己的钱存入银行，有的人倾向于投入股市，还有另一部分则投身房地产市场。事实上，两千年前，伟大的军事家孙膑已经给我们留下了一个宝贵的反例：田忌赛马。同样三匹马，因出场顺序的不同而结果迥异。当然，这个故事的发生是有一定的前提条件的：田忌可以提前知道齐威王的出马顺序，而齐威王则不知道，或者知道了也不能再更改。很显然，这不是个完全市场。

每年春运火车票的定价问题经常引起争论。有的经济学家强烈建议通过价格杠杆来解决春运问题。然而，经济学家的建议迅速被淹没在全国人民的反对声之中。正如弗兰克所说：任何政策变化，损失一方的惨叫声总是比得利一方的欢呼声更大。或许很多人认为，提高春运票价得利的只有铁路部门，但这不是我们反对的理由。事实上，我们只需督促把提价收入补贴给最需要的那批人，促使使用者分流。当然，定价机制的透明化，以及打破相关行业的垄断，也是题中应有之义。

正如弗兰克所指出的，效率事关重大，因为凡是能够做大经济馅儿饼的政策，必然能让所有人分享到比从前更大的一份。穷人面对的主要问题是他们钱太少。最好的解决办法不是给他们降价，而是提高他们的收入——比如，有针对性地降低低收入职工的工资税，或提高劳动所得税补贴。

人们天生对纳税和提价持反对态度。一方面是人性使然，另一方面则是政府在推出相关政策的同时，未能推出附带政策，或对附带政策的宣传力度、时间不对称。人们可以允许政府将三匹马的出场顺序有所调整，当第一匹出场的马不是我们的最优马时，很多人会形成错觉，以为有人把我们最好的马藏了起来。或许真的有人藏了我们的千里马，然而，大多数政策都是调整马的出场顺序而已，目的都是为了更好地赢得人类历史的发展这项大赛！

# 08

# 赢家通吃的市场

The Economic Naturalist's Field Guide

- 克隆技术怎样造就了赢家通吃的市场
- 为什么越来越多的人想成为对冲基金经理
- 为什么成绩奖学金排挤了贫寒奖学金
- 儿童读物最终会消失吗
- 美国在线与时代华纳合并是为了什么

凯恩斯曾对在股市投资和在选美比赛中挑出冠军做过一番比较。不管是选股票还是选美女，你认为谁会赢无关紧要，重要的是你认为其他人会选哪一个。如今，高中生选大学也越来越朝着这个方向发展。个别学生怎么想抵不上专家审议小组怎么想。《美国新闻与世界报道》的“年度大学排行榜”专刊已经成了该杂志最大的卖点,《商业周刊》的“全美顶尖 MBA 学位课程排行榜”双年刊也一样。只要这些排行榜的排位名次稍有变化，学校的申请人规模就会出现剧烈的上下波动。

学校的档次从来不是什么新鲜事，而且素来重要。但所有心怀远大志向的大学申请人都敏锐地意识到，它比过去重要得多。为什么会出现这样的变化？简单地说，精英教育证书带来的经济回报在最近十多年飞速上涨。

这一飞涨的背后，是我和菲利普·库克所称的“赢家通吃”（winner-take-all）市场的扩张和激化。在这些市场上，绩效方面的小小差异，甚或用来预测绩效的学历上的小小差异，都能造成回报上的极大差异。

这类市场，我们最熟悉的应该是娱乐界和体育界。最优秀的女高音可能只比第二优秀的好那么一点点，但在一个大多数人只听CD音乐的世界，没人需要第二优秀的女高音。在这样的世界，最优秀的女高音年收入也许能达七位数，可第二优秀的女高音连生计都很难维持。按照类似的方式，新技术使得我们可以把最优秀者的服务克隆到越来越多的职业上，从而使之效力于范围越来越大、利润越来越丰厚的市场。

以税务咨询市场为例。从前，这个市场需要大量的本地从业者来完成工作，可现在它逐渐落入了少数几家软件开发商之手。在这一转变过程的早期阶段，许多软件为得到媒体好评争得你死我活。可一旦意见领袖宣称Intuit公司的TurboTax软件和Kiplinger公司的TaxCut软件功能最全面、界面最友好，竞争软件几乎就没有生存空间了。

一大堆因素都有助于我们理解为什么类似的震荡扩散到一个又一个的行业。信息革命使得我们前所未有地了解产品的质量差异，又让我们可以直接接触到世界最顶级的供应商。由于运输成本和关税壁垒锐减，这些供货商可以十分便利地把产品运送给我们。如今研发成本和其他固定成本在总成本中所占比例越来越大，小生产商很难达到有效的经济规模。

造成赢家通吃趋势的另一个重要因素是有钱的买主似乎越发在意产品的排行档次了。比如，以前汽车市场的需求主要基于车子的大小、可靠性、燃油经济性等功能特点，现在的买家追求的却不止如此。他们想要一辆速度快的车，或者一辆操纵感强的车，或者一辆能独树一帜的车。较之燃油经济性和可靠性，后一类的特点更取决于周遭环境。一辆车的速度要多快，才能打动潜在买家？要是一辆产于1925年的汽车加速了半天终于能达到每小时 80 公里的速度，司机大概会觉得真够快的，真带劲。换到今天，要是你的车不能在 6 秒钟以内完成 0 ~ 80 公里的加速，它根本就不算什么快车。速度和操纵感这类对背景敏感的特点，越发左右着汽车市场的购买决策。当人们想要的东西采用相对概念上的定义时，仅有少数供应商能满足他们的需求。在极端情况下，只有一家公司能堂堂正正地宣称：我们生产的车是市场上最快的车。

赢家通吃发展趋势造成的一个结果是，决定企业成功的少数关键人物的薪水呈爆炸式增长。例如，20 世纪 70 年代末以来，美国最大企业的 CEO 的收入翻了十多倍；同一时期，美国收入最高的 1% 工薪阶层，其税后收入仅翻了 3 倍。

下面我将更深入地探讨赢家通吃市场的成因和结果。首先，说一下技术在能力最强者扩张疆域的过程中扮演了什么样的角色。

## 克隆技术怎样造就了赢家通吃的市场

20 世纪 80 年代初，有个朋友的妻子出钱请一位语音特型演员在家里的电话答录机上录一段问候语，当成礼物送给丈夫。“嘿，约翰此刻不在家，”录音一开始，就冒出一个像极了前总统罗纳德·里根的声音，“如果你留下姓名和电话号码，南希①和我会让他立刻给你回复的。”到了 2001 年夏天，AT&T 公布了一套突破性的声音合成软件，许多语音特型演员都会因此失业。

新技术从现有的语音库里提取声音片段，根据印刷文本重新组成对话。假以时日，这套软件能极为逼真地模拟当事人的声音，说出他

① 里根总统的夫人。——译者注

从没说过的话。靠着从前的录音档案，它甚至还能再现去世多年的人的声音。

假设 AT&T 完善了这套技术，人们保留自己的声音权，谁将成为最终的赢家和输家呢?

现有的许多技术都能帮助经济上能力最强者扩展市场疆域，语音克隆只是其中之一。这些技术增加了国家的财富，但使得财富的分配越发失衡。例如，电影的发明使得少数天赋出众的明星取代了各地成千上万不那么出色的舞台演员。

新的合成语音将取代如今用于汽车导航系统和留言系统的声音，名人语音克隆则会用到电台、电视台的商业广告里。

非名人语音不会索取高价，因为愿意提供自己声音模板的人多的是。然而，技术还是将掀起一场去芜存菁的运动，仅留下最好的声音。如今，从事相关工作、声音又不够完美的人将会被取代。整个过程带来的是净收益，因为我们将获得质量更高的语音，被取代的人亦可自由从事其他有用的工作。可对其中的大多数人来说，他们的收入更少了，毕竟，从事录音工作就是他们的最优选择。

名人语音克隆行业注定还会出现更为彻底的变化。广告商将在电台、电视台广告中越来越多地使用名人语音。然而，到目前为止，地方广告很少使用它们，因为很多信息都是专门针对本地的。语音克隆技术将改变这一现状。比如，在超市播报本周销售情况的声音，很快就会从不知名的某雇员，换成汤姆·汉克斯（Tom Hanks）或是乌比·戈德堡（Whoopi Goldberg）的声音。

有些名人能招揽更多的观众注意力。为什么赞助商会付给迈克尔·乔丹一年 4 000 万美元的天价，而大多数其他名人在此市场则全无价值可言，原因就在于此。没人知道谁的声音宣传效果更好。可一旦找到了赢家，商家就会开始激烈争夺其声音模板。

简而言之，和其他类似技术一样，声音克隆会造就一个赢家通吃的市场——在这个市场上，微小绩效的差异会带来经济回报上的巨大差异。这样的技术正迅速改造着美国的经济前景：热门报税软件的开发者取代了数以千计的地方报税会计；最优秀的互联网拍卖网站取代了数千家地方零售商。在无数的竞技舞台上，凭借这一复制、分配现象，绩效最优者服务的市场范围越来越宽广。

克隆释放了资源，同时为我们提供了更高质量的服务，整个社会得到了好处。不利的一面在于，这些收益的货币价值分配得很不公平。赢家通吃市场的蔓延，解释了为什么近年来几乎所有财富收益都落入了经济金字塔顶端的极少数人手里。

2000 年的总统选举中，艾尔·戈尔没能说服大多数美国选民，为什么对收入最高者减税在当今经济环境下不合情理。一旦 AT&T 克隆了富兰克林·罗斯福那浑厚动人的男中音，民主党的战略师们就会获得新的武器。在我们这个不平等现象日益加剧的时代，小布什先生经得起罗斯福炉边谈话升级版的拷问吗——对富人大幅减税到底有何睿智可言?

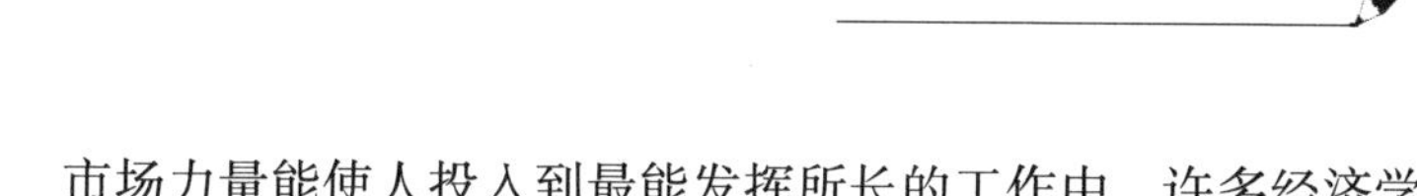

市场力量能使人投入到最能发挥所长的工作中，许多经济学家对此深信不疑。但经济学家们也找出了一些此说无法成立的环境。比如，有个人正在考虑是继续捕鱼为生，还是到工厂当工人以赚取 500 美元的周薪。为便于讨论，我们假设这个人只关心收入高低，对这两份工作的内容无所谓。再假设这个人继续捕鱼的话，每周能挣 501 美元。那么，经济学家会推测说，这个人可能会继续捕鱼，但又会说，这个决策对整个社会或许并非最优。倘若他继续捕鱼，总会捕到一些本该为其他渔夫所获的鱼。是以，他的存在给其他渔民的收入带来了负效应。我们可以这么说：比较他去捕鱼和去工厂做工时社会的总收入，前者可能更低。

在经济繁荣的鼎盛时期，赢家通吃市场创造的动机，往往会带来类似的分配不当。

## 为什么越来越多的人想成为对冲基金经理

这些日子，美国最能干、最雄心百倍的大学生们渴望着投身什么样的事业呢？我没看到过正式调查，但在我教的班上，说想去管理对冲基金或去私募基金公司效力的优秀学生比例迅速扩大。

没什么可奇怪的。根据 *Alpha* 杂志提供的数据，对冲基金经理詹姆斯·西蒙斯（James Simons）去年收入 17 亿美元，另两位经理也有超过 10 亿美元的进账。2006 年，收入最多的 25 位基金经理，入袋超过 140 多亿美元。

这些经理还享受着极其优惠的税收待遇。例如，所谓的“附带收益”（即分红，抽出投资组合所得收益的 20% 作为佣金）看起来跟一般收入没什么区别，但却只按 15% 的资本收益率征税，而非适用一般收入的最高税率 35%。光是这一优惠，去年就为西蒙斯先生省了好几百万美元的税。

国会正在考虑通过对附带收益按一般收入课税的提案。毫不奇怪，私人基金公司的说客们立刻强调，这么做会给经济带来重大损失。诚然，为客户牵线做成生意，许多时候能创造巨大的价值。可待议提案并不会妨碍任何一桩值得完成的交易。而且，经济分析显示，由于减少了投资经理市场的过度拥挤造成的浪费，它实际上能提高其他经济领域的生产力。

投资经理市场，就是经济学家所谓的赢家通吃市场——它本质上相当于一场锦标赛，从最初的许多参赛者中选出少数几个大赢家。这样的市场往往吸引了过多的参赛者，原因有二。

第一个原因源自信息偏差。关于是否参与锦标赛，要做出明智的决定，就需要对获胜率进行准确的评估。然而，人对自己相对技能水平的评价，是出了名的乐观向上。例如，有调查显示，90% 的工人认为自己的生产力高于平均水平。

过度自信偏见尤其容易歪曲事业选择，因为除去背后支持的动机因素不谈，许多锦标赛的大赢家，其曝光率实在太高了。NBA 年收入 8 位数的明星球员一个星期有几个晚上都会出现在电视里，成千上万没能挤入大联盟的球员却乏人关注。

同样地，10 位数收入的对冲基金经理比大批没能打入决赛的参赛者显眼多了。一旦人们高估自己的获胜率，就会有过多的人放弃传统市场的高产职业，参与赢家通吃市场的竞争。

赢家通吃市场人头攒动，第二个原因出在一个叫作“公地悲剧”（Tragedy of the Commons）[①] 的结构性问题上。这个问题能解释为什么淘金者太多。淘金这个行业，跟商业掮客有许多共同之处。刚开始勘探一处新发现的金矿，多一个淘金客能显著提高所淘黄金的总量。而一旦超过某个限度，额外的淘金客就没什么用了。在挤挤攘攘的矿床上，新淘金客找到的金子，本该是由其他现存的淘金客发现的。

下面这个简单的数字例子，有助于说明为什么私人动机使得浪费的拥堵状况频频出现于此类环境。假设某人有两份工作可选，一是当工程师，收入 100 000 美元，二是去当淘金客。假设除开经济回报，这两份事业在其他方面吸引力相当，如果去淘金的话，他有望找到价值 110 000 美元的黄金，其中 90 000 美元的黄金，没有他也会由其

① 凡是属于最多数人的公共事务，常常是最少受人照顾的事务，人们倾向于关怀自己的所有，而忽视公共的事务。这一概念在《牛奶可乐经济学》中有详细分析。——译者注

他淘金客发现。基于自利的动机，他会去淘金，因为 110 000 美元比工程师 100 000 美元的薪水要高。但是，因为他的努力仅使得黄金总价值增加了 20 000 美元，所以，如果他去当工程师的话，社会的总收入反而会比他去淘金时多 80 000 美元。

雄心勃勃的投资经理也面对着类似的动机。超过某一限度之后，新增加一个高收入的经理，并没有让托管投资这一行的总佣金增加多少。这就好像在拥挤的房地产市场，新增中介的佣金主要是靠抢其他中介的生意。故此，这里仍是私人动机导致了浪费的拥挤状况。

哥伦比亚商学院的金融学教授马修·罗德 - 克罗普夫（Matthew Rhodes-Kropf）辩称，提高对冲基金和私募基金经理的税收，是糟糕的经济政策。“私募基金是我们经济的重要部分”，他说，高税收会对其造成阻碍。还有其他人说，国会的提案是嫉妒驱使的仇富举动。

这两种看法都没有抓住问题的本质。所有人都承认，才华横溢的基金经理引导资本流向价值最高的用途，为社会提供了关键的服务。但在任何一个时期，能办成的交易总量是有限的。把越来越多最聪明的毕业生投到这个行业，机会成本很大，经济价值很小。

国会的提案希望把投资这一行的税后报酬多扣掉一点，提高其他事业的吸引力，好让额外的青年才干为整个社会创造更真切的财富。多出来的税收所得，可以为许多急需资金的项目埋单。比如，我们可以用它来给没有医保的儿童上保险，或是在港口增设集装箱检查站。

反对提高税收的人爱说，公平和效率之间总得有所权衡。但这个说法在此处站不住脚。终结投资经理的税收优惠待遇，既公平，又完全符合效率原则。

负责企业合并事务的律师只从交易金额中抽取一个很小的比例作

为佣金，但企业合并往往牵涉到庞大的收购资金。以雷诺兹 - 纳贝斯克（Reynolds-Nabisco）并购案为例，收购金额高达 250 亿美元。所以，就算有数十个律师瓜分 0.25% 的佣金，那也是很大一笔钱。而他们为此投入的工作时间，大多不过区区几个星期，最多不过几个月。

这些天文数字分外扎眼地出现在新闻媒体上，不少聪明又上进的年轻人忍不住自问：“我怎么才能跑到华尔街去当律师呢？”哪怕是一个初级职位，也有许多求职者抢得头破血流。故此，律师事务所方面必然极端挑剔。在几家一流的事务所，没有顶尖法学院的学历，连面试的资格都没有。那么，怎样才能挤进顶尖的法学院就读呢？最保险的一条路是在屈指可数的几家名牌大学当个尖子生。

那些最出色、最优秀的高中生知道，上一流大学日益成了获得高收入工作的敲门砖。几年前，不少拔尖的高中毕业生尚会选择到离家近的州立大学深造，在那里，他们能以合理的费用换得良好的教育。如今，同一类学生更愿意申请全国少数几家最知名的大学。

反过来说，这些一流大学也加倍努力地吸引素质最高的申请人。逐渐激化的竞争使得大学奖学金改为以学习成绩为基础，不再看当事人是否有此需要。下面，我来解释发生这一转变的原因。

## 为什么成绩奖学金排挤了贫寒奖学金

假设有家顶尖大学，正努力想把自己的学术排名提高一些。比如说，全美有 50 家大学的校长都觉得，若不是排名计算程序存在偏差，自己学校今年保准能够挤进排行榜的前 10 名。这家大学便属于其中之一。

让我们来想想看招生办主任碰上的一个棘手问题。

主任的桌上摆着两名申请人的材料。两人的成绩基本上一样，但甲生比乙生稍微好一点点。甲生的平均分是 4.2，乙生是 4.0。甲生的 SAT 总分为 2 370，乙生仅有 2 160。甲生家庭的年收入是 500 000 美元，乙生家庭仅有 30 000 美元。

跟过去一样，现在这两名学生均可获得入学资格。若干年前，这两名学生所得的奖学金，是按一种大多数人深以为公平的方式来发放的：家庭收入低的那名学生得到优厚的奖学金，家庭收入高的那名学生完全不给奖学金。两人恐怕都会登记就读。

好景不再。如今，要是主任不给成绩稍微好一些的甲生发放高额奖学金，总有其他学校愿意给他这份待遇，从而把他“引诱”走。

但给甲生额外的奖学金，意味着发给成绩较低的乙生的奖学金会缩水一大半，不管该生的家庭有多么需要经济帮助。总之，大学按经济条件为基础发放奖学金的制度岌岌可危。

为什么会出现这样的变化呢？在很大程度上，这是拥有精英院校学历带来的经济回报大幅上涨造成的结果。过去 30 年，各行各业几乎都出现了愈演愈烈的总收入不平等现象。

就算是门槛级的工作，每个工种的少数精英职位的收入也比普通职位高好几倍。这些职位的竞争非常激烈。比如，JP 摩根每招收一名初级分析师，都会收到几大摞的求职信。在这种情形下，老板简直没时间去面试非精英院校毕业的申请人。

为了应对此一局面，雄心壮志的高中生只向全国最挑剔的大学提出申请。可这些大学的就读名额还跟从前差不多。数以万计高素质的高中生被这些大学拒之门外，他们可以证明：顶尖大学的入学门槛高得简直翻不过去。在有些大学，校方每接受一名学生的申请，就要拒绝其他十多号人。

既然有这么多高素质学生哭着喊着要读一流大学，为什么这些学校居然还承受着提供成绩奖学金的压力呢？答案是：顶尖大学对顶尖学生的迫切需求，丝毫不亚于顶尖学生对顶尖大学的需求。实际上，好几种全国热门大学排行榜，都以入学新生的 SAT 平均分为部分基础。所以，要保住精英学校的地位，大学不仅要吸引著名的教授，还必须每年招收成绩最拔尖的新生。

要吸引这类学生，最有效的诱饵是其他顶尖学生。曾有研究指出，学生一般会找 SAT 总平均分比自己高 100 分左右的学校提出申请。故此，理想的大学跟电台名嘴盖瑞森·凯勒（Garrison Keillor）虚构的沃比根湖差不多，那儿“所有孩子的能力都高于平均水平”。

随着全国精英大学 SAT 平均分的稳步提高，拔尖学生的出价也越来越高。可以这么说，分数高的学生，简直是一笔比曼哈顿房地产增值还快的资产。

倘若成功吸引到顶尖学生往往是一个自我强化的过程，那么，没能吸引到顶尖学生也同样如此。哪怕只有少数顶尖学生被竞争院校招过去，也会掀起向下的负面循环，它不仅会削弱大学对其他顶尖学生的吸引力，也会让愿意教授这些学生的优秀教师意兴阑珊。

所以，有志跻身精英行列的院校别无选择，只能为了高分学生狠狠地出高价。也因为如此，以成绩奖学金逐渐取代了贫寒奖学金。

不少精英院校曾经达成过一项协议，宣誓要把有限的经济奖学金发给那些最需要的学生。可司法部认为，激烈的竞争总能带来最好的结果，故此蓄意阻挠这一协议。1991 年，它指控 23 家精英大学违反了反托拉斯法，因为它们达成同盟，允诺互相之间不以成绩奖学金引诱获得了多家院校入学许可的学生。

于是，22 家院校做出保证，放弃在奖学金发放政策上的合作。麻省理工学院拒签保证书，但实际效果几近于零，因为没有同盟者的帮助，它也不可能串谋了。

从字面含义上看，司法部当然是正确的，协议确然有违竞争原则，因为它的目的就是通过抑制对高分学生的竞争，保护以经济需要为审核要件的贫寒奖学金。

但为什么说司法部做了一件糟糕的事情呢？打从亚当·斯密时代，经济学家们就令人信服地指出，大多数时候竞争能带来巨大的经济利益，但并非总是如此。倘若所得回报极大地取决于相对排名——高等教育就是这样，那么在个别院校看来是明智的举动，从整个社会的角度讲却可能是弄巧成拙。

在这种情况下，联手合作能让所有人获利。当然，这种协议也可能会造成损害，比如臭名昭著的托拉斯限价。关键是要加以明智区分。

反托拉斯权威人士或许应该重新考虑一下他们主张的“不受限制的竞争总能带来最大利益”的信念，不应该站在类似宗教的立场上考察共同协议，而要根据实际情况，看它们是否限制了竞争的有害后果，又无损它带来的诸多好处。大学之间为保护贫寒奖学金所达成的协议，显然能通过这一考察。

如今，拍摄的电影、出版的书籍年复一年地越来越多，可电影票和书籍销售总额中越来越大的比例集中到了少数畅销品目上。下面这篇文章写于 J.K. 罗琳的《哈利·波特》第四部小说出版之后不久，我检验了一些能解释此一模式的幕后因素。

## 儿童读物最终会消失吗

几年前，漫画家盖瑞·拉尔森（Gary Larson）画过一幅叫作《乐天爹妈》的漫画。男孩握着游戏杆，面无表情地打着电子游戏，爹妈站在门口看着。两人头上冒出寻思的泡泡：几年以后的报纸招聘版，到处都是要求打电子游戏经验值不低于 30 000 小时的高薪岗位。

没错。即便在当今越来越电脑化的世界，灵敏地操纵游戏杆对雇主来说也没什么价值。孩子们在练习游戏杆技巧上花了无数时间，反倒疏于掌握真正重要的技能，比如写作等。要学习写作，多读书很有帮助。不少家长都担心，电子游戏逼真的画面有可能把阅读从孩子的青少年时代给挤出去。

一场虚惊。几天前，全世界的家长们惊讶地看着孩子捧起了厚达 734 页的第四卷《哈利 · 波特》。该书首印数高达 360 万册，说不定还要加上几百万册的再版，这个夏天，孩子们会在阅读上多花好些时间了。

J.K. 罗琳是怎样用老旧的书本打败时髦的电子魔法的呢？批评家们或许会就这些书有没有文学价值争论不休，可孩子们却是真心喜欢。不过，好书随时有，光从质量上说明不了为什么《哈利 · 波特》系列小说取得了如此辉煌的成功。

要理解这一现象，我们必须先来看看，通俗文化市场跟经济教科书上描述的市场有哪些不一样的地方。在教科书里，任何产品的吸引力取决于它的风格、质量和其他具体特点。可一旦书籍、电影、体育赛事和电视节目卖了出去，其他买家所做的选择同样很关键。

毕竟，读一本书或看一部电影，能和友人分享感受也是其中的关键。事实上，一旦文化活动的流行程度达到某个限度，没有做这件事可能会带来明显的社会成本。比如，在刚刚过去的这个冬天，要是周末晚上没看 HBO 电视台的《黑道家族》（*The Sopranos*）电视剧，好多人恐怕就没法参加星期一的办公室闲聊。从《哈利 · 波特》目前的销售量来看，没读过最新一本小说的孩子大概要付出类似的社交代价。

流行文化产品市场和普通市场的第二个区别在于，就普通市场而言，你消费的一种东西越多，再获得更多的意愿就越小。好比一个人饿了，买第一块三明治时，他愿意付大价钱，买第二块三明治时，他就不愿意出那么多钱了。这就是边际效用递减定律。可在不少流行文化市场，模式刚好与此相反。《周末夜现场》( *Saturday Night Live* ) 节目的老粉丝恐怕都记得，约翰 · 贝鲁西 ( John Belushi ) 第一回穿日本武士装固然很搞笑，可它的效果比不上后来有一集，贝鲁西刚一穿上武士装，就招来女儿的捧腹大笑。同样，对许多小读者来说，他们读的《哈利 · 波特》小说越多，就越渴望读新的一本。

这一类自我强化过程带来了赢家通吃市场，参与者的微小差异往往会在经济奖励上带来极大差异。在这种市场，开头的大量竞争者中只有少数人能脱颖而出，最终成了大赢家，至于到底谁会胜出，往往是由起初看起来无关紧要的一些微小区别所决定的。

赢家通吃市场大多鼓励参与者之间激烈地争夺名次。其他作家，说不定人数多到了有点浪费的地步，一窝蜂地效法罗琳的成功。大多数人的努力恐怕都会落空，不过，我们还是得感谢流行文化市场的爆发式自我强化过程。没有它们，不可能会有哪本书能从电子游戏手里把孩子们的注意力抢过来。

《华尔街日报》的一位记者曾打电话给我，讨论赢家通吃市场现象。他请我举一些例子，我举了 eBay，该网站至今仍是全球最大的在线拍卖服务商。我让他想象一下，要是他正打算卖掉一张和式小毯子，他会到 eBay 还是其他较小的在线拍卖网站上去叫卖。

我告诉他，把东西挂在 eBay 上更具优势，因为那儿有更多的潜在买家能看到，故此找到合适买家的概率比在其他网站上高得多。我进而解释了为什么我觉得 eBay 最终会成为唯一一家能维持下去的在线拍卖网站。

任何一件具体物品的卖家都会碰到这样的问题：很难找到一个人正好想买完全符合卖家描述的东西。网站上陈列的物品越多，浏览的潜在买家越多，买卖双方恰好投合的概率也就越大。这就给较小的在线拍卖网站造成了一个显而易见的问题，不管它们索价多低，卖家恐怕都觉得把东西挂过来不值得。与此同时，eBay 却索取一笔小额固定费用，外加拍卖最终成交价的 4% 提成。小拍卖网站开价多少，能让卖家愿意把东西挂在自己网站上呢？ 2%？ 1%？就算小网站让卖家免费挂出物品，大多数卖家恐怕仍然会投奔 eBay 的怀抱，因为后者的浏览量大，拍卖成功的可能性要高得多。

记者好像被我的论点说服了，并告诉我，他也许会在下周的报道里采用这个例子。基于我对 eBay 前景的分析，我很早以前就打算买点该公司的股票，但迟迟没下手。可等我对记者做了如此一番详尽分析之后，我担心一旦他的报道见诸报端，eBay 的股票很快会被炒到高过真实价值。我知道自己得赶快采取行动，可又觉得这是不是有点不道德，因为我掌握了内幕消息——有一篇会让 eBay 的股价飙升的报道即将刊登出来。我跟几位值得尊敬的同事对此事做了些讨论，他们宽慰我说，在报道刊载前买点股票没啥不道德的。

但我拖拖拉拉惯了，还是没下手。出乎我意料的是，报道刊载后几天，eBay 的股价不升反降，还降得挺厉害。过了几个月，我终于买了一些 eBay 的股票。但最近，我把这些股票按低于买入价 15% 的价格抛掉了。

我早就该知道。《纽约时报》的编辑曾让我写一篇文章解释，为什么美国在线和时代华纳要合并。我在文章中所做的分析把自己给说服了，立马跑去买了一些 AOL- 时代华纳的股票。事实证明，两家公司的合并是个蠢主意，我再一次亏了钱。

## Q 美国在线与时代华纳合并是为了什么

传说 20 世纪 80 年代，通用电气公司的董事长杰克·韦尔奇把手下的部门经理召集到一起，告诉他们：凡不在市场前三位的产品，统统放弃掉。凭借这一战略，通用电气公司成了美国商业史上最成功的一家多元化经营巨头。

同样的逻辑有助于解释，为什么像美国在线这样一家互联网接入服务商会想跟时代华纳这样的传统媒体巨头合并。娱乐和通信产业，早就超过了通用电气所属的制造业，变成了成功的孵化场。站在技术的角度讲，不当老大，就只有死亡。

在娱乐和通信产业，很多成本都是固定的，而为额外客户提供服务的成本通常很小——这一趋势比制造业更为明显。比如，不管是吸引到了 100 万用户还是 1 亿用户，拍摄一部电影或开发一套互联网接入软件的成本基本上不变。

所以，一家公司服务的客户越多，就越能用便宜的价格销售其产品并赚钱。这使得市场份额之战具有了决定意义。以提高产品质量为目的的投资是这一战争最重要的武器。

如果时代华纳的 HBO 电视台想出高价找明星拍戏，或是花更多钱在自家剧集里使用更精彩的特效，它就能吸引到更多付费用户，而且无须以提价的方式负担由此增加的成本。拥有一种更好的产品，能帮助 HBO 吸引用户，免得他们投入 Showtime 和 Cinemax（均为美国付费有线电视台）的怀抱，从而巩固最初的优势。

互联网接入服务竞争也受类似的因素掌控。提供互联网接入服务的大多数成本都是固定的，故此，随着用户数量的增加，每名用户的平均成本将大幅下降。

拥有庞大的用户网络还能带来额外的一些优势。比如，用户想在国外旅行时检查电子邮件，他肯定不愿意为了上网而拨打国际付费电话；唯有服务商拥有密集的全球网络，才可能在中小型城市提供统一的地方接入号。使用同一互联网服务的用户，还能共享同一平台，使用聊天室、即时通信软件和其他功能。

既然美国在线已经是全球最大的互联网接入服务商了，为什么它还会需要时代华纳呢?

想想看，你用公司的光纤宽带下载东西有多快，在家用电话拨号系统下载又是多慢——这套系统是美国在线目前的核心服务。这样对比一下，答案也就很明显了。

美国在线现在虽然还是老大，除非它找到办法向用户提供高速光纤上网，否则这个地位岌岌可危。将来，越来越多的互联网服务恐怕都不会再通过电话线路传输，而是使用如今传输有线电视信号的高性能网络。

时代华纳旗下的 Roadrunner 是最大的有线网络接入服务商之一，并掌握着遍布美国 33 个州的有线电视网，在提供高速互联网接入方面占据了极为理想的位置。此外，既然消费者期待从高速网络中获取娱乐方面的内容，时代华纳跟一家已经在互联网接入上占优势的企业结成伙伴，也能得到不少好处。

当然，如果两家公司不合并，美国在线可以尝试跟其他有线电视服务商结成独立的联盟。时代华纳也可以发展下属的互联网接入服务，更有效地配置有线资产。但这些努力，不仅成本高，而且风险大。两相对比，合并能使得电视信号和互联网数据通过同一套有线网络传输，大大提高了两家公司现有股东的获胜概率。

倘若股东们从前对时代公司和华纳兄弟公司合并看走了眼，错过了上一次赚大钱的机会，这一次有必要理解：新一轮的合并不仅能带来内容上的扩展（即公司所提供的娱乐类型），还事关公司在全新技术领域的生死存亡。

消费者也有可能从中得利，因为合并能加快高速互联网接入服务走入家庭的步伐。倘若合并后的公司能成功实现这一点，网络接入的质量和可靠性亦能大大提高。

司法部有必要担心此次合并会造成垄断吗？到目前为止，似乎尚无此必要。但要是美国在线控制下的地方有线电视网极大地阻碍了互联网接入服务领域的竞争，最简单的补救措施是强制公司将接入权限出租给其他服务商。这跟目前监管机构要求地方电话公司允许其他企业使用其线路基本上是一个道理。

合并还将给 AT&T 公司带来竞争，因为后者购买了电信国际（Telecommunications International）的有线电视网，有望成为最大的高速互联网服务商之一。

通信和娱乐市场是经典的赢家通吃市场。要想把游戏继续玩下去，公司就必须打出制胜牌。

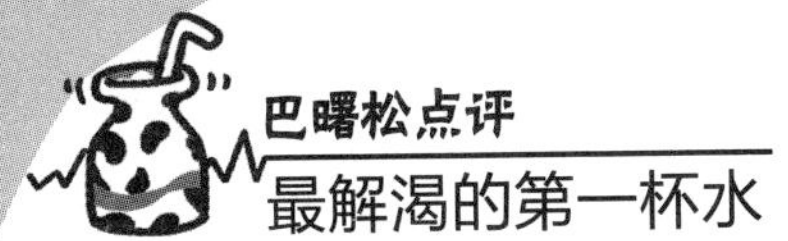


在一定时间内，在其他商品的消费数量保持不变的条件下，随着消费者对某种商品消费量的增加，消费者从该商品连续增加的每一消费单位中所得到的效用增量级，即边际效用，递减。这就是经济学中非常重要的边际效用递减规律。边际效用递减规律意味着消费一种物品的数量越多，即某种刺激的反复，使人生理上的满足或心理上的反应减少，从而满足程度减少。一个最通俗的理解就是，当你极度口渴的时候十分需要喝水，你喝下的第一杯水是最解燃眉之急、最畅快的，但随着口渴程度降低，你对下一杯水的渴望值也不断减少，当你喝到完全不渴的时候即是边际效用为零，这时候再喝下去甚至会感到不适（负效用）。

然而，正如弗兰克所指出的，信息革命使得我们前所未有地了解产品的质量差异，又让我们可以直接接触到世界最顶级的供应商。边际效用递减规律正在面临“赢家通吃”规律最严峻的挑战。在网络经济中甚至有人提出“商品使用得越多，增加该商品消费量的欲望就越强，出现了边际效用递增规律”。这种观点认为，边际效用递减涉及的产品或服务总存在一个限度，多是比较简单的物质产品，在质量和性能上没有变化，简单重复性的消费很容易达到饱和状态。而边际效用递增涉及的产品或服务，在质量和性能上不断改进，在消费数量增加的同时，也不断给人们以新的刺激，从而能不断提高人们的满足程度；且针对人们的社会需要或精神生活需要，这种需要几乎是无限的。因此人们的满足程度就不会随着商品或服务数量的增加而下降，而是恰恰相反；如果消费者拥有的知识越多，他对知识、信息的需要就越多，因而在拥有一定的知识后，就会对掌握更多的知识产生更加迫切的需要，形成知识的累积效应。最典型的案例就是《哈利·波特》系列小说。数以亿计的读者根本不考虑市场上企图替代它的庞大小说库，而只是尽情地期待续集的推出。又比如，同样是鞋，一个喜欢李宁运动鞋的运动员即使拥有五双李宁鞋子，也不会去选择其他牌子的鞋，而是希望得到更多的李宁鞋。而在体育、娱乐界，这种现象更为明显。一旦你喜欢上某个明星，那么你就会越发期待他有新的作品、新的演出，而不会觉得看得太多以至于无聊甚至痛苦。边际效用非但没有递减，反倒有递增的趋势。

# 09

# 竞争与收入

The Economic Naturalist's Field Guide

- 为什么不平等现象日益严重
- 为什么美国不流行阶级斗争论
- 为什么富邻居让你觉得穷
- 是什么引发了奢侈品消费大爆炸
- 为什么减税恶化了交通拥堵状况
- 伙计，这辆路虎多少钱

设想你正跟两个好朋友在加拿大的树林里徒步，突然看见路旁的灌木丛里躺着一件闪闪发光的东西。你们中有个人把它捡了起来，大家看出那是一大颗未经雕琢的钻石。你有个信得过的珠宝商，保准愿意为它出 90 万美元。这笔钱应该如何在你们三人中分配呢？

大多数人会说，你们应当均分这笔钱，即每人 30 万美元。心理学家在解释这一反应时说，大多数人内心强烈地把平等视为基本的道德规范。

然而，这并不是一种绝对意义上的感觉。地球上没有哪个国家的政府会对每个公民征收 100% 的所得税，然后再把它平均分配给每个人。这没什么可奇怪的，因为这么做肯定会在经济上掀起滔天大祸。在一个有数百万人口的国家平均分配国民收入，也就意味着一个人要是不再工作，生活标准也不会有丝毫下跌。当然，还是会有人继续工作，因为他们喜欢自己的职业。但除了工作，还有许多活动能令人开心。要是一个人不管是否工作，收入都一样，那我们还是假设大多数人都会选择不工作比较保险。

简而言之，大多数人认为完全平等是不现实的，其原因在于我们需要维持工作的动力。要是个人收入不能以某种明确的方式跟工作挂钩，我们只好生活在可悲的贫困之中。

但对于维持工作动力需要多少不平等，长久以来都存在很大的争议。同样，就不平等对社会是否有害，也存在很大的争议。甚至，对于某一时刻到底存在多大程度的不平等，人们也很难达成一致意见。

不过，人们日渐达成一点共识：最近几十年不平等显著加剧。本章将揭示这一变化的成因与结果。不少评论家认为造成此现象的原因在于，竞争崩溃使得企业管理者和其他高层人士有了掠夺组织的条件。我认为反过来说更接近真相：不平等加剧主要是市场竞争白热化造成的结果。

## 为什么不平等现象日益严重

美国经济不平等现象日益加剧，而国会却打算采取措施，进一步助长此种局面。我们是怎么走上这条路的呢？继续走下去明智吗？

第二次世界大战结束的时候，美国的收入不平等比 20 年代以来的任何时候都要低。其后 30 年里，各阶层的收入大致保持了相同的高速增长——差不多每年 3%。

到了 20 世纪 70 年代，此模式开始变化。例如，收入分布处于后 80% 的家庭，年所得增长不到 1%；处于前 20% 的家庭，收入增长速度跟前一时期相当；处在经济阶梯最顶层的极小群体，收入则呈爆炸式增长。

20 多年来，《商业周刊》每年都要调查美国大企业 CEO 们的所得情况。1980 年，CEO 们的收入是普通美国工人的 42 倍，只比今天的日、德等国高一点。可到了 2000 年，美国 CEO 的收入是普通工人薪水的 531 倍。至于收入阶梯上位置比 CEO 还高的人，赚的钱更多。

企业黑幕屡屡见诸报端，使得我们知道，在这些异常优厚的薪资待遇里至少有一部分来路不正。然而，剩下的大部分则是市场力量带来的结果。随着地方市场逐渐为地区、全美，甚至全球化市场所取代，高管决策只要稍有改进，就能为企业增加上亿美元的进账。

从前主要盛行于体育和娱乐市场的奖金结构大范围扩散，是高层收入迅速增长的另一个重要原因。在这些赢家通吃的市场，绩效上的微小差异，往往能转变成经济报酬上的巨大差异。现在我们主要听录制的唱片，不管置身何地，全世界最棒的音乐家都能召之即来。数字新闻使得少数大报的专栏作家取代了大量本地记者。随着个人电脑的普及，少量软件开发商抢了数以万计本地税务会计的饭碗。每一次的改变，都造福了消费者，可同时也加剧了收入的不平等。

放眼全球，收入不平等加剧的原因大致都一样。大多数国家的公共政策都在尝试逆转这一趋势。美国例外。举个例子，国会眼看着天平在市场的作用下朝着有利于高收入群体的方向倾斜，却还在 20 世纪 80 年代把最高所得税率从 50% 削减到了 28%。

减税的直接后果是提高了富人的税后收入，间接作用是影响了联邦的支出政策，两者都加剧了收入的不平等。尽管供给学派（Supply-Side Economics）[①] 的经济学家们预测，减税带来的收入增长足以抵消税率调低造成的税收损失，甚至还有剩余，但实际情况恰恰与此相反，20 世纪 80 年代庞大的预算赤字就是这么来的。

克林顿当总统那些年，赤字有所减少，可等到小布什上任，政府再度调低了所得税、股息税和巨额遗产税，赤字连创历史新高。一旦国会通过的法案完全实施，所减税率的半数以上（新近有人估计为

① 20 世纪 70 年代在美国兴起的一个经济学流派。该学派强调经济的供给方面，认为需求会自动适应供给的变化。——译者注

52.5%）都将落到 5% 收入最高者的头上。根据国会预算办公室的预测，未来 6 年里，赤字将每年增长 3 000 亿美元。

不少支持小政府的人为这些赤字欢呼喝彩，说这能迫使立法者削减不必要的开支。可跟从前一样，裁减预算的焦点并不是什么不必要的项目，而是那些主要针对低收入人群的福利项目。共和党众议院最近呈交的提案建议削减 40 000 名儿童的免费在校午餐，并针对育有孩子的工薪家庭取消 225 000 人次的食品券。共和党众议院还建议削减 120 亿美元的贫困医疗补助（如今 25% 的美国儿童享受的医疗服务都主要仰仗这个项目）。

在市场力量和公共政策调整的共同作用下，中低收入者的生活更加艰难了。他们工作时间长了，储蓄少了，借贷多了，上班距离远了，许多从前认为是必要的保障没了。个人破产申报最近几年每年破纪录。按国际标准看，一直偏低的个人储蓄率，20 世纪 80 年代以来大幅缩水，90 年代末几近于 0，最近几个月甚至到了负数水平。如今有 4 500 万美国人没有医疗保险，比 90 年代初多了 500 万。

尽管全世界范围内的收入不平等现象近几十年来日益加剧，但美国的情况一直比其他发达国家严重。这是为什么呢？不少人说，不平等是我们为实现较高经济发展速度所必须付出的代价。

然而，证据支持的结论却相反。比如，经济学家阿尔贝托·阿莱斯纳（Alberto Alesina）和丹尼·罗迪克（Dani Rodrik）发现，各个国家的经济增长速度都和最高收入群体所占国民收入份额呈负相关。

还有人说，不平等是社会经济流动性的必要条件，愿意努力工作、按规则办事的人爬到社会顶端的机会，在美国比在其他任何国家都要大。但这里，证据支持的结论仍然相反。哪怕经济不平等持续加剧，社会流动性也一路走低。根据社会学家大卫·怀特（David Wright）的调查，出生在中下收入（在整体收入分布中排在 3/4 的位置）家庭的孩子想要跻身收入前 1/4 的阶层，在 1998 年的可能性仅为 1973 年的一半。经济学家托马斯·赫兹（Thomas Hertz）则发现，家长处于收入分布末 1/5 的位置，孩子仅有 7.3% 的机会进入最靠前的 1/5。作为对比，家长处于收入分布前 1/5 的位置，孩子有 42.3% 的机会保持原状。和普遍的印象相反，如今美国的社会经济流动性比其他大多数发达国家要差。

一方面，加剧不平等的市场力量毫无退减征兆；另一方面，共和党议员们又频频发出呼吁，再对高收入家庭额外减税 700 亿美元。他们说，由于最富裕的美国人辛勤工作，理应占有税前收入的更大一部分。可数以百万计不那么富裕的美国人同样工作得很辛苦。在赢家通吃的市场，好些比其他人多赚千百倍的人，并不见得真比其他人出色千百倍、苦干千百倍。

经济学家赫伯特·斯坦曾经说过，有些事情长久不了。历史反复证明，社会只能容忍收入不平等到某个限度，一旦超出此限，它很快就会解体。拉丁美洲的无数政府一夜之间就垮了台，主要便是由于收入不平等造成了社会动荡。经济学家罗伯特·麦克库洛赫（Robert MacCulloch）在全世界随机抽样调查了 25 万人次，发现在收入高度不平等的国家，人们支持暴力革命的可能性更大。

社会在发生剧变之前，可能有几年，甚至几十年的酝酿期，在此期间，社会动荡水平一路走高。如果说美国正酝酿着这种动荡，那么它还藏得很深。然而，近年来的经验明明白白地指出，社会剧变的发生往往全无警示。几乎没人预料到 1989 年东欧政府的相继垮台。革命无非是因为社会患了重病，一旦达到临界点，微小的变化也会点燃政治上的燎原大火。

早在 2 000 多年前，希腊哲学家布鲁达克（Plutarch）就说过："贫富不平等，是所有共和政体最古老也最致命的顽症。"在美国被这一顽症打倒之前，我们或许该对那些加大社会差距的政策重加考虑。

许多社会的中等阶层似乎对富人怀着公开的仇视心态。美国不是这样。比如每周罗宾·里奇（Robin Leach）的《豪门生活》（*Lifestyles of the Rich and Famous*）节目播出的时候，总有数百万热心的中产阶级观众守在电视机旁。展示名人豪宅、游艇和其他奢侈财产的杂志无不卖得异常火爆。

抱怨收入和财富不平等加剧的美国社会批评家，总会被说成是煽动阶级斗争，或是宣泄嫉妒。下面，我将讨论传统的阶级斗争论漏掉了收入不平等与中等阶层生活条件之间的真正联系。

## 为什么美国不流行阶级斗争论

"如果美国爆发阶级斗争，打赢的显然是我这个阶级。"

——2004 年 3 月，沃伦·巴菲特致伯克希尔-哈撒韦公司股东们的年度公开信

民主党批评共和党对富人的减税政策，却反遭共和党嘲笑，说他们煽动"阶级斗争"——2000 年，艾尔·戈尔同样败在了这一招之下。这是个巧妙的修辞策略，因为这个词最初是用来形容富人不公平地剥削工人的。许多人觉得这个说法与 100 多年前强盗贵族的时代很贴切，那时候资本家雇用暴徒破坏工会。

然而，到了今天，剥削的说法没人听了。尽管近年来靠欺诈手段积累财富的例子汗牛充栋，可中产阶级选民们还是一心一意地认为，现在这一代的富裕美国人赚钱不是靠巧取豪夺，而是靠为其他人提供宝贵服务。

可惜，富人的行为是中产阶级经济压力越来越大的根源。最近几十年，中产阶级的收入没能跟房价、学费、医疗保险，以及其他各种

基本服务的费用同步增长。通过一连串的事件，1% 收入最高的群体（1979—2000 年间，他们的所得翻了 3 倍）不断提高消费，使得中产阶级对许多基本生活目标力不从心。

这一切之间的联系大致如下。随着富人收入的增长，他们会在房子、车子、服装和其他商品上花更多的钱。听说某个巨富修了一栋 6 000 平方米的豪宅，或者买了一辆新款法拉利跑车，我们大多数人并不会觉得想要调整自己的支出。但对于那些收入只比最高层少一点点的人来说，上述消息是很有冲击力的。它们微妙地改变了社会参考标准，即什么样的房子和车子才叫合适。故此，收入最高者的额外支出使得收入仅次于他们的人花更多的钱。而当后者这么做的时候，紧随其后的人也受到了同样的影响。就这样，它一环一环地向下传遍了整个收入阶梯。

简而言之，高层收入的迅速增长，掀起了“支出瀑布”（Expenditure Cascade）[①]效应，最终压榨了中产阶级。举例来说，住房上的支出瀑布效应恐怕有助于解释以下现象：1980 年美国一栋新建中档住房的总面积低于 150 平方米，到 2001 年则超过了 200 平方米。同一时期，中等家庭的实际收入增长不超过 15%——不足以充裕地负担面积大这么多的房子。

中档住房价格陡增是中产阶级经济压力最重要的来源之一。这是高收入群体所得增加、支出加大造成的间接后果。

表面上看，购买小一点的房子，家庭就可以逃脱经济压力。但这种做法会招来重大成本。这里的症结在于，房子的价格和所处街区学校的质量有着很大的关系。不以平均价格在本地区购买一处房子，意味着要把孩子送到低于平均水平的学校去，这种成本是大多数父母不愿承受的。结果，尽管中产阶级家庭的收入有了一定的增加，但必须

① 最高收入群体随着自己收入的急速增加，就会产生一些额外的开支，而那些想跻身富人行列的低层收入群体就会效仿这些开支，从而导致支出瀑布现象出现。——译者注

延长工作时间，多贷款，少储蓄，到更远的地方上班，以便继续把孩子送到质量处在平均水平之上的学校。

在这样的风潮下，劳工和中产阶级选民变得难以控制也就不足为奇了。可奇怪的是，他们仍然对富人没有恨意。事实上，差不多有2/3的低收入受访者支持废除遗产税，而废除遗产税，只有不到总人口1%的最富裕群体能享受到好处。直到最近，还少有政治候选人敢于质疑对富裕阶层大幅减税的做法，须知这一阶层的收入近年来可是连创纪录呢。

中产阶级对富人少有憎恶的一个原因，在于两个群体并不直接竞争。许多年前，罗素就曾观察到，乞丐从不嫉妒百万富翁，而是嫉妒日子比自己稍微好过点的其他乞丐。比尔·盖茨又挣了10亿美元，或者他又给自己的豪宅添建了一栋翼楼，似乎并不会让中产阶级选民产生困扰，实际上，不少人还满喜欢追看有关他生活方式的新闻报道呢。

为什么不呢？生物学家告诉我们，最好是把生活理解成一场对赡养家庭所需资源的竞争，而中产阶级选民的头号竞争对手并不是比尔·盖茨那样的人。寻找好工作、好房子或好学区的时候，真正较量的是跟你我最接近的那些人。从奋勇向前的中产阶级选民的角度来看，为了富人的好运烦心完全不知所谓。

即便如此，高收入群体掀起的支出瀑布效应，仍然给中低收入家庭造成了沉重的负担。这倒不是说高收入群体做错了什么事。他们并不是存心要给下层民众添麻烦，可这几十年来他们在经济上享受的巨大繁荣，给中产阶级增添了实实在在的沉重成本。

高层支出和中产阶级压力之间的联系是间接存在的，这或许可以说明为什么民众不仇富，可绝不能因此就在评估经济政策时忽略这一联系。

近来执行的联邦税法还将在未来10年对1%最富裕的人减税7 000亿美元。这些人必然会修建更大的豪宅，购买更昂贵的私车。

新一轮的支出瀑布将给中产阶级再添压力。

质疑对富人减税的做法是否明智，并不是要掀起阶级斗争。取消这些税收减免，不仅能缓解中产阶级面临的经济压力，也能让富人的日子过得更舒服。毕竟，保养一栋 6 000 平方米的豪宅本身就是一件头疼事儿了。倘若修这么大房子的人少了，想要拥有这么大房子的人也会随之减少。

虽说大多数中产阶级不愿对超级富豪们的挥霍手笔多做道德批评，但社会批评家们可没有这种顾虑。不过，他们的义愤填膺暴露了认识上的一点缺陷。各个收入阶层的人都倾向依据自己的收入进行消费。穷人获得额外的钱，也会把它花掉。中高收入人士也不例外。说美国富人铺张很自然，可在世界其他地方日收入不到两美元的数十亿人口看来，美国中等收入家庭买起东西来更加大手大脚。界定适度的标准因人而异。倘若中产阶级人士有很好的理由认为自己花钱花得有道理，富人们也一样。

接下来，我要讲述一个朋友的困惑故事，她本来在中西部的一个中产阶级家庭长大，跑到硅谷之后突然成了富人。

## 为什么富邻居让你觉得穷

大多数人很小的时候就被教育，不要跟别人攀比。我们似乎也颇认可这条建议。总有人拥有更多，成天把眼睛盯在这一点上只会给你带来苦恼。所以，如果你问别人，是否会因为邻居的房子有多大、开什么车而感到焦虑，大多数人会坚持说：不会。

不过，把这个问题换个问法，我们好像就没那么确定了。试在以下两种环境中做出选择：

环境 A：你的年收入是 110 000 美元，其他人为 200 000 美元。

环境 B：你的年收入是 100 000 美元，其他人为 85 000 美元。

收入数字代表实际购买力。你在环境 A 中的收入，可以让你买得起比环境 B 中大 10% 的房子，多下 10% 的餐馆，等等。但选择环境 B，你放弃了一小部分绝对收入，换回了较高的相对收入。

你会选择哪种环境呢？绝大多数美国人都选择了环境 B。

为什么我们愿意接受较低的工资呢？对邻居财富的嫉妒心远远超过了我们乐于承认的程度。这当然是一种可能性。但还有另一种说法，就是我们真的不太喜欢攀比排场，这也解释得通。

后一种解释的根据是，为了在复杂的社会环境中有效开展机能运作，我们需要有办法评估自己做得如何，判断怎样最好地适应不断变化的环境。这种判断几乎总是取决于同一社会环境中我们较之其他人做得如何。假设你女儿在斯坦福大学的第一次考试中得了 D。她固然可以宽慰自己说，要是去离家近的普通大学就读，一定能得更高的分数。但她恐怕不会这么看问题。她大概会很心烦。这么低的分数向她说明了一些重要情况。她需要更刻苦地学习，心烦将对她起到敦促作用。

类似的语境因素塑造了我们对自己拥有东西的评估。例如，诚如亚当·斯密在《国富论》中的观察，要想“体面”地出现在公共场合，地方标准确定了人必须在着装上花多少钱。他写道，在 18 世纪的苏格兰，就算是地位最低的工人也需要购置亚麻衬衫，因为买不起这种质量的衬衫，暗示当事人好逸恶劳、无能，甚至更糟糕。

斯密的时代早已结束，亚麻亦退出时尚的舞台，但他的看法依然成立。而且，现在的风险比从前更大了。置身于史上持续时间最长的经济繁荣期，不少美国家庭却经历着空前的贫困感。他们觉得穷，不仅是因为富人和普通人之间的收入差距加大，还因为一种更新的现象：如今的时代受媒体左右，我们能无比清晰地意识到包围在自己身边的财富。这一新的经济思潮显著地改变了我们的生活方式和支出方式。

我有个朋友在加利福尼亚，乍看起来，她完全是个典型的美国人。她跟丈夫和年幼的女儿住在一起，想要一栋更大的房子，因为现在的房子没有地下室，而他们又想要更多的储藏空间。她担心公立学校的质量，倘若能助其改善，她不介意多纳些税。和数百万其他美国人一样，她认为自己是个朴素环保的人。

然而，从其他方面来看，我朋友可真算不上典型。背景是关键。她每个星期做一次按摩，一个月至少修一次脚——这些事她以前从没做过。她做了半辈子培训师，如今乘飞机只坐头等舱。她和丈夫最近买了一辆 8 万美元的敞篷车，每年还要买上万美元的各种全新电器用具。他们如今住的房子，花了 200 万美元。

你瞧，我朋友住在硅谷最富裕的郊区洛斯阿图斯（Los Altos），那儿的生活标准和她成长的中西部有着巨大的差异。她的许多邻居富到了大多数人难以想象的地步。尽管我朋友和她丈夫能够轻易负担现在的生活方式，仍然有些困惑。“10 年前，”她说，“我完全无法想象如今会花这么多钱。可住在这儿，事情就不一样了。”在洛斯阿图斯，一栋价值 200 万美元的 350 平方米的房子很寻常，没几个邻居会觉得，我朋友想换个更大点儿的房子的想法很奇怪。“我总是想住在有许多空间的大房子里，”她说，“我不知道要多大。可能比我们现在的房子大两倍吧。”

她的经历和数百万其他美国家庭只不过存在一些程度上的差异，但本质并无两样。究其本质，不少此类家庭仍然想过从前那样简单朴素的生活。可他们发现，周围迅速升温的消费热潮把他们自己的需求欲望推得越来越高。

大体说来，我们花更多，是因为我们有更多。根据 Spectrem

Group 的调查数据，2004 年，美国拥有 500 万美元以上资产的家庭达到了 74 万户。

这些数字如此庞大，掩盖了一个简单的事实：绝大多数美国人并不富裕。尽管富人拥有的一切让他们几乎与主流社会隔离开来——他们住在大门紧闭的社区里，把孩子送去私立学校，但他们仍是我们身边的一部分。连我居住的小小大学城（本来属于纽约北部的贫困区）也在生物潮和网络潮的推动下诞生了一拨又一拨的百万富翁。就算我们本身并不认识这类人，但我们认识的人总有知道他们的。为富人提供服务成了一门高速发展的新兴产业，通过这一渠道，富人跟其他数百万普通美国人发生了日常接触。我们打扫他们的房子，给他们的草坪除草，教他们的孩子法语，帮他们报税。日复一日，富人成了我们生活背景的一部分，微妙地调高了我们对安全、舒适生活的感觉。

媒体长久以来对金钱的定位也发生了改变。电视节目和杂志一直爱报道富人，但大多又把他们的生活表现得怪里怪气——总之不是普通人应该奢望的东西。现在却不是这样。随便翻阅一本杂志，都能看到售价 45 000 美元的百达翡丽腕表和 2 500 万美元的豪华游艇在打广告，而且要预订才能买到。星期天转播的橄榄球比赛，观众多多少少还是一样的人，可广告却换了新天：喜力和宝马取代了米勒淡啤和福特皮卡。

不过，不管媒体对超级富豪有多关注，最强烈影响我们消费水平的环境因素还是亲戚朋友。门肯（H.L.Mencken）曾经说过，所谓富人，就是每年比他家连襟多挣 100 美元的人。近来的一项研究为门肯的这一说法提供了有力的支持。经济学家戴维·纽马克（David Neumark）和安德鲁·波斯托列维特（Andrew Postlewaite）对美国姐妹的行为做了调查。研究的样本规模很大，每一名受访对象均有姐妹为全职家庭妇女，不出外找工作。两位学者希望找出是什么因素影响了受访者本人出去找工作。他们逐一排查了所有可能影响就业决策的事情——当地劳动力市场的失业率、薪资、教育，等等。这些因素都有一定影响，但相对收入作用最大：在调查样本中，如果受访者姐妹的丈夫收入比她自己的丈夫高，那么她寻找工作的可能性要高 16% ~ 25%。

富人和普通民众之间财富和收入差距不断扩大，意味着如今有越来越多的美国人发现自己扮演起了穷连襟的角色。今天，中等收入家庭的通胀调整后收入并不比 20 世纪 70 年代更高，但储蓄率却比从前低得多，甚至是负数。他们的信用卡负债率、其他贷款率也创下纪录，没有医保、申报破产的人数是 80 年代初的好几倍。总之，中等收入家庭经历着前所未有的巨大经济压力，主要原因在于他们试图跟上自己根本负担不起的生活标准。

中产阶级的经济压力是一个重要问题，社会批评家在寻找罪魁祸首时保持了自省态度。例如，“个人责任”运动的宣传手认为，有些人就是意志力太薄弱，抵挡不了其他人花钱的影响，这种人理应遭到谴责。在他们看来，中产阶级家庭应当少花钱、少抱怨。另一些批评家，尤其是“自求简朴”学校的批评家，大力谴责我们周围那些购买超大豪宅的人。但这些判断忽视了一点：在不同的经济水平、不同的品味标准下，环境都影响着我们的支出决策。

年轻的时候，我参加和平队，志愿到尼泊尔待了两年。我住的地方只有一个房间，没有自来水、没有电，下大雨时草搭的屋顶要漏水。可我从来没觉得对它有什么不满意的地方。然而，要是我在美国也住在同样的房子里，哪怕是在最贫困的街区，恐怕也会体验到无法承受的羞辱感。如果能借钱逃脱这一窘境，我肯定会借。

其实，我住在一处非常舒适的美国中产阶级之家。但社会批评家们或许说，按世界平均水平来看，这样的房子太过分了。如果当年在尼泊尔乡下的朋友见到我家的房子，他恐怕会觉得我发了疯。他会想，天哪，一个四口之家为什么会需要有三个半浴室的大房子？

浅白的事实是，人们觉得自己是否需要这样的房子，取决于周围的人有什么样的房子。住在一处售价远低于平均水平的房子，往往意味着住在一个相对危险的街区，或是要把孩子送到低于平均水平的学校去。正常人都想避免这种情况。

新一轮的经济风潮，让我们花更多、借更多、存更少。毫无疑问，这是社会问题的征兆。但引发这一问题的感觉却没什么可责备的，它跟学生在考试中得了 D 感到心烦是一个道理。

大脑的感知系统更擅长觉察刺激的变化水平，而对刺激的绝对水平并不那么敏感。以视觉系统为例，较之静物，它更擅长察觉运动中的物体。这就是为什么许多动物在碰到天敌时，不是尝试逃跑，而是本能地一动不动。出于同样道理，听觉系统对声音的绝对水平不如变化水平敏感，这能解释为什么开着电视就沉入梦乡的人，往往在其他人关掉电视的时候醒过来。

同一现象也有助于解释社会评论的时机选择。富人总是花更多钱，可在 20 世纪五六十年代很少有人谈论这一点。那些年里，各阶层家庭的收入年增长率都维持在 3% 左右的水平。那时和现在一样，富人住的房子比中产阶级大。但由于房子大小的比例没有变化，它没有引起人的注意。可从 70 年代以来，中等收入家庭眼睁睁地看着自己的收入止步不前，而富人的收入增长快到了前所未有的地步。故此，富人和普通民众之间的消费差距迅速拉大。这样一来，近年来有关富人挥霍无度的文章频频面世也就不足为奇了。

## 是什么引发了奢侈品消费大爆炸

我在 20 世纪 80 年代末买的那口丙烷炉具，最近几年每况愈下。它的那些小毛病肯定修得好，但我不知道该找谁来修。就算我知道，修理费肯定也比我最初买它时花的 89.95 美元要贵。就这样，我开始不情不愿地在市场上寻找新炉具。

如果你最近买过烧烤用炉具，肯定知道这个市场较之十多年前发生了天翻地覆的变化。我还模模糊糊地记得 80 年代末那种自带存储格、两边各有加长搁板的款式，也最多不过卖几百美元。但这些东西跟“海盗牌”专业炉具实在没得比——绝对没得比。

它既可以用天然气，也可以用丙烷；烤架面积有整整半平方米，附有红外线电转烤肉架，你可以一边为 40 名客人烤制汉堡，一边把两块重达 20 磅的火鸡烤到熟透。内置的熏肉系统“火力高达 5 000 英热[①]，还有不漏水的木抽屉，方便用户烤制各种口感的四季美食”。在烤架旁边还有一对高温火头。普通厨房使用的标准炉具火头只能产生 7 500 英热，但这种高温火头可产生 15 000 英热，方便烹饪一些外国口味的爆炒食物，还可以非常迅速地烧开一大锅水。倘若你想在自家后院弄出一份川味烤鱼，或者担心客人赶到了，你还有 40 根玉米没烤好，“海盗”炉具能提供你所需要的额外火力。整套炉具使用闪闪发亮的不锈钢制造，附有珐琅和黄铜把手。如果把折叠的工作台完全展开，它足足有两米长。

“海盗牌”专业炉具的标价是 5 000 美元，不含运费和安装费。当然，也有许多比较便宜的款型。要是有厨师觉得烤架面积 45 厘米 ×65 厘米大，外加一个副火头也能对付着用，那么可以选择售价 1 140 美元

① 英制热量单位，1 英热 =1 055.055 85 焦耳。——译者注

的海盗炉具，“以最合理的价格带给您专业的享受。”可即便是这种功能缩水的型号，售价也比我们大多数人十多年前想象中高得多。

对绝大多数人来说，5 000 美元的烧烤炉具存在的真正意义是，有了它，我们买 1 000 美元的炉具就显得近乎简朴了。随着购买高档炉具的人越来越多，其他人买炉具时的花费可以接受的参考标准必然不断变化。在这个繁荣年代，就算我明天花了 1 000 美元买了一口新炉具，也不会有谁觉得我干了件奇怪的事儿。更叫人不安的恐怕还是下面这一点：说不定连我自己都不觉得花 1 000 美元换掉从前 90 美元的炉子有什么奇怪的地方。

烧烤炉具行业消费模式的演进，只不过是近几十年来巨大变化的小小缩影。我们落入了奢侈病的魔爪，病情之重，远甚于一个世纪前的黄金时代。只不过原先的消费潮主要为少数掌握着庞大财富的家族所主导，如今这一轮消费潮则席卷各个经济阶层，波及人数更为可观。

超级富豪的超级豪宅占地一两千平方米，甚至三四千平方米——固然吸引眼球，可更值得关注的一点事实是，美国现在修建的住宅，平均面积差不多是 20 世纪 70 年代的两倍大。标价 25 万美元的 12 缸兰博基尼跑车固然招来千夫所指，可更具说服力的现象则是，现在美国所售新车的平均价格超过 22 000 美元，比 10 年前高出 75%。

不管你属于哪个收入阶层，不管你觉得他人的影响是如何微不足道，你都逃不过这拨消费狂欢引发的效应。比如，它会影响你买生日礼物用多少钱，影响你在好学区买房子花多少钱，影响孩子向你要什么档次的运动鞋，影响你为孩子上大学支付多少学费，影响你为找好工作面试穿什么牌子的西装。

这就是新出现的烦人瀑布效应。最麻烦的地方是，没人知道到底有没有什么切实的方法能对付它。我的观点（稍后详述）的立论基础不是社会批评家们的那套说辞，如奢侈消费是自我放纵、颓废堕落一类，而是建立在详尽、有说服力的科学证据上：如果我们对加速消费的动机稍加调整，所有人都可以过上更满足的生活。

政府报告里找不到奢侈潮的身影。要想了解大概情况，我们只能依靠各种片段拼凑出一幅图画：2 000 美元以上的手表的销售额自 1997 年以来增长了 13%，达到 11 亿美元。豪华汽车（按 1996 年的美元币值，售价在 30 000 美元以上的车）占 1996 年全美所售车辆的 12%，较之 10 年以前提高了 7%。红酒的总销量比 1986 年的巅峰期稍有下降，但名贵红酒的销售额自 1980 年以来逐年增长 23%。

从某种程度上来看，当前的消费热潮似乎可以视作良性的征兆：较之以前，我们现在的生产力更高，也更富裕。但它也有着阴暗面：尽管经济地位最高的群体干得很棒，但过去 20 年里，普通美国家庭的收入没有实际增长，最底层 1/5 的家庭的购买力甚至还下降了 10% 以上。

中低收入家庭只好靠降低储蓄、提高借贷的方法来维持高消费。在这一过程中，我们本来就低于其他发达工业国家的个人储蓄率稳步走低。去年，每 70 户美国家庭就有 1 户申报破产。

就算是那些能轻松负担奢侈支出的家庭，也要付出代价。我们所有人，无论贫富，工作时间都越来越长，休假时间越来越短；我们陪伴家人和朋友的时间越来越少；我们用于睡觉、锻炼、旅行、阅读，以及其他有益身心的活动的时间越来越少。由于我们的储蓄率下降，我们的经济增长速度也会放缓，退休后担心自己无法维持生活标准的家庭越来越多。

与此同时，我们的高速公路、桥梁、供水系统和其他公共基础设施乏人修缮。我们的公园和街道日益拥堵。贫困和毒品继续折磨着不少城市。越来越多的中高收入家庭躲在大门紧闭的住宅区背后。由于预算赤字，许多社区图书馆缩短了开放时间。

一个世纪以后，读到我们时代历史的人或许会感到疑惑：为什么这些人在经济繁荣中做出了奇怪的选择——支持砍掉政府预算，拒绝为大量有益项目提供资金？想想看，我们在奢侈品上的支出增长比国民收入和总支出快足足 4 倍，达到每年 8 万亿美元的天文数字——摊到男女老幼每一个人头上，将近 30 000 美元。说我们“负担不起”维修破败的基础设施，没时间陪伴家人和朋友，岂不是很奇怪吗？只要降低奢侈消费的增长率，这些事就都能负担得起了，想做更多都可以。

过去，就如何更好地支配金钱问题，社会批评家们主要是从个人经验出发做出判断。其实，我们还有大量的科学文献暗示，最近的支出模式未能很好地为我们服务。例如，严谨的研究表明，倘若人人都获得更大的房子、更昂贵的汽车，那么，更高的新标准很快就会形成——结果，这类支出产生不了持久的满足。

然而，还有证据表明，同样的资源换个使用方法，就能持久地改善我们的健康，提高幸福感。比如，为了多挣钱买大房子所用掉的时间，可以分给家人和朋友，或用于锻炼身体，休长假。要是你想给这类支出换个更好听的名字，不妨叫它“非炫耀性消费”（Inconspicuous Consumption）①。

在非炫耀性消费上支出更多的人，更乐意形容自己幸福。他们卷入工作争论的概率更小，找心理咨询、尝试自杀的可能性更低。他们在特定年份生病或死亡的概率也更小。

如果减少工作时间、多陪伴家人能让我们更幸福、更健康，就算这意味着要住在较小的房子里，买比较便宜的汽车，又有什么大不了的呢？为什么我们不这么做呢？一旦我们意识到，人对从天气到物质生活标准的所有事情的评估都跟背景有着密切的联系，就能得出一个说得过去的解释。

倘若你在哈瓦那，11 月的室外温度是 15 度，你问别人外面冷不冷，对方会觉得你真是问了个蠢问题。当然冷！可要是你在蒙特利尔，

① 社会富裕阶层沿袭传统消费习惯，或因某些顾虑而故意模仿普通阶层成员的消费行为和方式的消费。——译者注

3 月天的室外温度同样是 15 度，你再提出同样的问题，对方照样觉得你脑袋有点不对劲。只不过，他们的答案会跟哈瓦那人完全相反：天气暖和极了！

类似的逻辑也适用于物质生活标准的评估。13 平方米的主卧室够大了吗？我们家现在的卧室就是这么大，但认为它简直不够用。所以我们找了包工队，明天早晨就来搞扩建。

可要是我们住在日本东京，我们绝不会想要这么做——更别说还要花那么多钱，费那么多功夫了。十多个平方米的空间用来睡觉绰绰有余，要是我们真的找来包工队，一定是讨论怎么把它改小些，好分出点儿地方干别的。

唯有当每个人的选择不会给他人造成负面结果时，亚当·斯密著名的“看不见的手”才能发挥作用——认为个人在开放的市场上追逐私利，能给社会带来最佳结果。可一旦事关背景，哪怕是最寻常的个人支出选择都会影响别人。

如果我买了一辆重达 2.7 吨的 SUV，那么，一旦发生碰撞事故，对方开的车较轻，他的死亡率就因为我而大大提高。如此一来，我就引发了他人购买较重车型的动机。如果我买了一套手工定做的套装去面试工作，必然减少了其他人获得同一工作的概率。如此一来，我就引发了他人花更多钱买套装的动机。要是我每天在办公室多待一个小时，增加了自己获得晋升的概率，那么在此过程中，我就减少了其他人的晋升机会，由此又引发了他们工作更长时间的动机。决定扩大卧室，我就提高了邻居有样学样的概率。总而言之，我们的个人消费决策成了孕育当前奢侈病的种子。

简单地说，我们的问题在于，指引个人消费决策的动机跟引发军备竞争的动机差不多。减少支出会更好，可只有人人都这么做才行。

社会批评家们的指手画脚不会让我们减少支出。事实上，历史上遏制炫耀性消费的努力大部分都以失败告终——因为我们未能明确背景和动机在经济决策中扮演的角色。要想摆脱消费恶性循环，必须首先调整使得我们大笔消费的动机。

放弃现行的所得税，改用大幅度递增的累进消费税，我们便能够在潜移默化中有效地办到这一点。这种税便于执行——每个家庭纳税多少不看收入，而是看总支出。而总支出，只要用年收入减年储蓄即可方便地计算出来。

由于富人能比穷人进行更多的储蓄和投资，那么，出于公平性的要求，支出最高者所适用的税率比现行所得税最高税率要高得多。可就算税率固定，总税收不超过现行制度，消费税也能对具体的购买决策造成重大影响。

比如有人正在考虑购买售价 105 000 美元的保时捷 911，还是售价 207 000 美元的法拉利 456GT。买家愿意为了最顶尖的法拉利跑车多花 102 000 美元。可要是这笔消费的最高税率是 70%，则购买法拉利就得多花至少 173 000 美元。

由于储蓄可以抵消一部分消费税，买家有了强烈的动机多往股市投资，减少购车支出。如果他买保时捷，则含税总支出为 178 000 美元。一方面，他得到了一辆性能跟法拉利不相上下的车，另一方面，倘若其他人也做出同样的响应，那么保时捷的稀罕度就跟法拉利不相上下。税收举措遏制了买家对跑车的疯狂热情，还帮他多存了钱。

这种动机上的改变，若能逐渐就位，定能扭转当前奢侈品支出的爆炸性增长趋势。更绝妙的是，奢侈品买家无须为此牺牲些许的满足感——因为这里算数的不是绝对支出，而是相对支出。随着大买家们逐渐收手，其他人觉得务必满足的消费标准也会松弛下来，从而释放出更多资源，投入更有益的用途。

仔细观察证据可以发现，美国人大致能够减少 1/3 的消费——每年将近 2 万亿美元，又不对满意度造成明显的损失。这笔省下来的巨款，可以用来修缮基础设施，带来更干净的空气和水源，做其他许许多多的事情。

另外，消费税不会损害美国人珍视的政治自由。恰恰相反，在它的帮助下，私人利益和社会利益相处更为和谐，从而为亚当·斯密的“看不见的手”注入了新的活力，增进了私人市场有效分配商品与服务的水平。

既然累进消费税这么棒，为什么美国从来不曾实行过呢？因为这个国家对税收有着极度的恐慌情绪，就算它其实能为所有人带来好处，政客们也很难公开为它摇旗呐喊。即便恐慌消散，累进消费税的宣传逐渐展开，也需要几个月，甚至好几年的时间进行辩论，以便全民就制度调整意见达成一致。在此期间，奢侈消费潮还将持续升温。

尽管中产阶级家庭的实际收入并未增加，但高收入群体高消费引发的支出瀑布效应，仍给其带来了额外的经济压力。一个家庭收入不增加，怎样能花得更多呢？答案是想方设法地拆东墙补西墙：减少储蓄，或者增加借贷。美国家庭两样都来。此外还可以延长工作时间。在很多欧洲国家，也同样存在着此类模式。

还有一个办法是搬到离经济活动中心更远的地方居住，那些地方房价较低，缺点是上班的通勤时间较长。接下来，我将探讨何以对富人减税会延长平均通勤时间。

## 为什么减税恶化了交通拥堵状况

交通堵塞是件头疼事儿，但还不止如此。研究显示，较之步行或乘公交车上班的人，在交通高峰期开车上班且遭遇堵车的人，高血压发作的可能性更大，并且容易跟同事和家人吵架，容易生重病，甚至还容易早死。

交通堵塞的局面还在日益恶化。得克萨斯农工大学（Texas A&M University）的一项研究报告指出，1999 年美国人堵在路上的时间是 1982 年的 3 倍。

尽管日渐拥堵的交通状况源自许多我们熟知的原因，比如人口增长、油价便宜、市区扩张、公交系统投入不够，但它跟收入和财富越发不平等也有关系，这一点很少有人注意到。

我们可以把这其中的症结叫作“白杨镇社区效应”。白杨镇是科罗拉多州的滑雪胜地，长久以来，富裕的居民把这一地区（以及其他旅游胜地）的地产价格抬高到了一个中低收入家庭无法接受的程度。故此，在这些社区提供服务的大部分人，比如教师、警察、消防员、干洗店店员和餐馆服务生——上下班必须开车，而且往往要开很长的距离。这样一来，每天早晚进出这些高档社区的路就堵得水泄不通，好些工人是从几个小时车程之外的地方来的。如今，“大白杨镇”地区的半径足足有 80 多公里！

交通堵塞状况逐渐恶化，一部分原因在于，过去 20 年里，整个美国都变得“白杨镇”化了。1980 年以来，1% 收入最高的家庭，扣除通货膨胀因素后的所得翻了两倍多，而中间家庭的相应增长不超过 10%。同一时期，处在靠后 20% 的家庭，实际所得不升反降。

在这些变化的作用下，居住模式越发因收入而层次分明。在某些社区这一效应尤其明显，如旧金山半岛、奥斯汀和西雅图等；另一些社区稍微好一些，如芝加哥或费城。但各地变化的方向基本一致，而它又加剧了交通堵塞。

华盛顿当前的政策议程不仅不致力于缓解饱受折磨的上班族的压力，反而有可能把事情搞得更糟糕。从减税开始。在小布什政府提议的 1.35 万亿减税方案中，40% 的好处将落到 5% 收入最高的家庭。此举将进一步加大收入差距，有可能使中低收入家庭住到离工作更远的地方，从而延长其通勤距离。当然，倘若让我们举出反对减税的十大理由，白杨镇效应恐怕不在此列，但它确实是小布什提案的另一点缺陷。

减税还给已经过度紧张的政府预算施加了更大的压力，未来 10 年都不可能出现什么重要的城市交通项目。小布什当局拒不承认能源保护事关国家利益，缓解交通堵塞状况的前景堪忧。“美国生活方式受上天庇佑，我们在国内就有着丰富的资源。”白宫发言人阿里·弗莱舍（Ari Fleischer）说，“美国人民对能源的使用反映了我们在经济上的优势，也反映了我们喜欢的生活方式。”

美国确实有着丰富的资源，但这并不妨碍我们制定明智的政策善用资源。不光中低收入家庭，富人的生活也会因为交通拥堵变得不好过。交通拥堵并不是良好生活的基本构成要素，也不是什么不可避免的东西。良好的公共政策能极大地缓解它。

**《纽约时报》社论版的一位编辑让我谈谈富人会给孩子买什么样的圣诞礼物。我想，要找出答案，最好的办法就是假扮成有钱的顾客，到曼哈顿高档商店去问问看。我没有名牌西装，但有一双高档鞋子。于是，到了星期六，我就穿着它配牛仔裤逛商店去了。下面是根据我的现场考察笔记所写。**

## 伙计，这辆路虎多少钱

真正有钱的人会给自己十多岁的孩子买什么样的圣诞礼物呢？你

若向纽约高档玩具城 FAO 施华兹（FAO Schwarz）的导购提出这个问题，她一定会立刻陪着你去二楼一间围着玻璃幕墙的密室。在那儿的展台或限量版商品目录上，你能看到真人大小的黑武士和其他《星球大战》中的角色，售价 5 000 美元以上；带有阁楼的城堡式小床，售价 30 000 美元；德国进口的全手工旋转木马，75 000 美元。

但到目前为止，今年最热门的玩具，还要算 1/4 实物大小的玩具路虎越野车。车内以真皮装饰，带收音机卡座，配 5 马力的汽油发动机，最高时速可达 40 公里。

这玩具卖得挺快，但要是你愿意出 18 500 美元——比本田雅阁的标价稍微高那么一点点，商店方面可以立刻送货上门。

看重价值的买家或许觉得，出这么多钱买一辆带割草机发动机的玩具车实在太过分了。可他们没看到重点。忘了绒布娃娃吧，这可是个真正的玩具！哪怕是一名投资银行家的 10 岁孩子，也会为得到这么一辆车而激动得发抖的。

为了孩子一掷万金并不新鲜。迷你路虎也不是最惊人的例子。我们前面提到过，曼哈顿富豪的孩子过个成人礼，得用 25 万美元，选配的 6 分钟烟花表演就值 2 万美元。

但如今最昂贵的儿童礼物，标价比从前涨了不少；高档爹妈之间互送的礼物也是一样。在精品百货店内曼 · 马库斯（Neiman Marcus）的圣诞节礼品目录上，新款美洲豹敞篷车售价 80 000 美元。店里总共进了 70 辆，几小时之内就抢购一空。

收入和财富的急剧集中，推动了美国的新一轮奢侈病。有调查显示，自 1979 年以来，收入总增长的 80% 都落入了收入最高的 1% 的人手里。如果照这种趋势发展，再加上减税提案（对高收入者税率减半）的推波助澜，迷你路虎很快就会过时，最热门的玩具会变成如今售价 40 000 美元的迷你法拉利。

显而易见，成年人有权自由支配收入。然而，很少有人会说，这样花钱收获最大。实际上，有确凿的科学证据证明，倘若人人都得到更为贵重、精致的玩具，谁也不会比从前更开心。

那为什么家长要买这些东西呢？原因在于，送礼物和军备竞争是一回事：花钱越少越好，可只有人人都这么做才行。

社会批评家们的道德义愤不会缓解这一趋势。可只要修改一条联邦税法就能办到。把现行的累进所得税改为递增幅度更大的累进消费税，就能提供强有力的储蓄和投资动机，把原本花在购买高端玩具上的钱省下来。

这种税是很容易执行的。家庭按总消费额纳税，而总消费额指的是所得（跟目前申报给国税局的数字一样）减储蓄之差。花钱最多者的税率要比现在更高，这样才能推动富人比其他人多存钱。所有人的税务负担跟目前大致相当。

但每个家庭购买高端玩具的动机将出现重大改变。假设最高收入者额外消费的税率是 70%，迷你路虎的有效价格就飙升了将近 13 000 美元。开给施华兹的支票上的数字跟现在一样，但购买该玩具车的家长将在年底多缴 13 000 美元的税。当然，如果他们把钱存起来，这笔税款也就省下了。

诚如曼哈顿房价太高，使得富人们的住房比在别的城市普遍偏小，消费动机的变化也会让不少家长选择较为便宜的玩具，把相应的开销存到免税的共同基金里去。等选择这一路线的家庭越来越多，可接受的玩具的标准也会发生变化。用不了多久，不那么贵重的玩具就能取代如今那些天价玩具，换来孩子们同等的惊喜。

这一模式将在各个收入阶层依次上演——在一个每年有 1/70 家庭申报破产的时代，这样的变化肯定受人欢迎。最棒的是，它不会对孩子的快乐感造成任何损失，因为关键不在于玩具的绝对价格，而是它的相对价格。

当然，大幅递增的累进消费税还将影响其他购买决定。不少家长或许会放弃 80 000 美元的路虎，改为 50 000 美元的宝马。这里，其他收入阶层也会做出类似的选择。

1992 年，蒂姆·罗宾斯开着路虎在罗伯特·奥尔特曼的电影《超级大玩家》露脸之前，只有为数极少的美国人知道什么是路虎，想开着它炫耀成功的人就更少了。回到这种单纯的环境并不会伤害我们，节省下来的钱也能付诸更为紧迫的用途。等我们的储蓄率变得健康些之后，甚至还可以考虑，稍稍提高总税收，将之用到真正重要的地方。想想看，就在纽约，从施华兹卖场往北 8 公里，就到了贫民区，那里的小学生多得挤不下，师资力量却严重短缺;校舍年久失修，屋顶漏水，马桶不通。只要稍微省几个小钱，这一切就能焕然一新。

不过，也别担心，伙计。短时间以内，这些事儿是不会发生的。

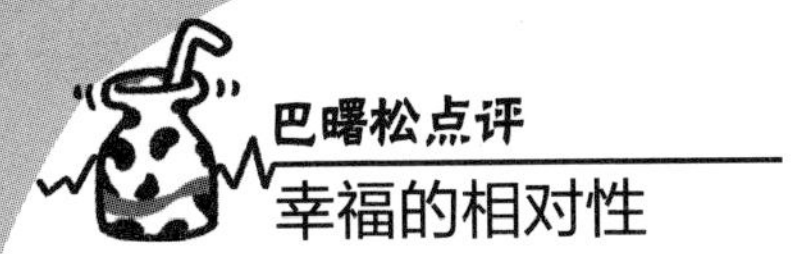

巴曙松点评

## 幸福的相对性

幸福是相对的。所以让一部分人和地区先富起来的想法一经提出，我国的改革开放事业就焕然一新。如果拉开收入差距不是生产力得到彻底解放的重要动力，那么我们至少应承认，均贫主义在中国的瓦解对社会主义市场经济体系的建立来说功不可没。

然而，幸福的相对性本身也是相对的。当收入差距过大时，我们将体验不到更富所带来的幸福。

然而，这个社会收入还是日益不平等。一方面，调节收入差距过大的最有力武器——二次分配总是受到社会自然的抵制。富人拥有更多的话语权，而没有人喜欢看着自己的钱包被别人瘦身。另一方面，也是更深层的原因，大多数富人很少有机会接触真正的穷人。他们生活的圈子往往属于同一阶层，在他们生活的圈子里，他们感觉不到自己有多富裕；相反，他们会认为自己很贫穷。于是，整个社会大多数人都觉得自己不“那么富裕”。

当富人的眼中全是邻居家更大的房子、更豪华的座驾时；当整个社会都完完整整地被分割成富人区和穷人区时，富人反对加税的同时，广大的工薪阶层哪怕每月仅仅增加几十块的税收，也会成为反对加税的主力军。而最需要通过二次分配来改变命运的社会最底层，却因贫穷和无知而失去了话语权，并进一步失去了获得知识和走向富裕的权利。

# 10

# 借贷、储蓄和投资

- 为什么美国人存钱这么少
- 是华尔街引发了金融危机吗
- 应该对发薪日贷款加以限制吗
- 借钱太多的人该受惩罚吗
- 为什么战胜市场是痴人说梦
- 政府的财政数据能让你致富吗

消费支出大概占了经济总支出的 2/3，剩下的部分主要是政府和企业的投资支出。所以,不审慎理解消费者行为背后的驱动力，很难设计出合理的经济政策，或准确预测经济活动。我在前面谈到詹姆斯·杜森贝利神秘消失时提到过，这些年来，传统经济学的消费者行为理论在这方面的记录很是糟糕。再加上家庭只有两种方式能处理自己的收入，要么花了，要么存下。故此，不理解消费背后的驱动力，也就意味着不理解储蓄背后的驱动力。

传统经济模型在这些领域有所欠缺,没什么可奇怪的。这些模型认为，消费者都是理性人,会规划自己一辈子的消费轨迹,最大化终生总满意度。但正常人往往觉得难以进行此类规划，就算他们真的计算出一套合理的方案，也很难贯彻执行。

行为经济学革命极大地改善了我们对消费和储蓄的理解。本章我将探讨传统经济学预测和人们实际行为之间的种种矛盾。凭借对消费动力的更好理解，我们可以更准确地预测人们怎样应对经济环境的变化。考虑到消费在总支出中所占的重要地位，这意味着我们能够更准确地预测总体经济走向。

美国家庭储蓄率近年来急剧下降，就是传统经济学理论解释不好的一个现象。20世纪80年代,美国家庭平均储蓄10%的收入。二十多年来，储蓄率一步步下跌至0，有几个月甚至成了负数，即家庭的房贷和信用卡债务超过了所得。

小布什开始第二任期后不久，就开始大力劝说民众支持他的社会保障体系私有化提案。但最终，他的努力宣告落空。

在我看来，这是一件好事，因为小布什的提案存在许多根本上的缺陷。可究其实质，它又包含着一点重要的洞见。社会保障体系是一套“即付即用”项目，而不是真正的储蓄。它先对工人征收工资税，再把收到的钱寄给退休人士。这种筹措退休金的方法把钱给到了退休者手中，只可惜未能利用复利的神奇魔力。

下面我将解释，在小布什宣传社会保障体系私有化期间，为什么复利是一个宝贵的机会，以及为什么所有的家庭应当齐心协力地一致行动，充分利用这一机会。

## 为什么美国人存钱这么少

单细胞草履虫的大小，就跟英文标点中的句号差不多，一个实心小圆点。成熟的草履虫细胞，每天都会分裂成两个子细胞。世界各地的学校都爱用它的这一特点来阐释复利的神奇魔力。

如果任其自由分裂64天，单个草履虫细胞会分裂成9 223 400 000 000 000 000个副本。125只草履虫肩并肩地排列起来，大概有2.5厘米长，也就是说，上述数量的草履虫排起来有1 863 360 000 000公里长——足够在地球和太阳之间往返6 000次。

当然了，增长率的情况不像草履虫那么戏剧化。可即便是靠着相对较小的增长率，收益也相当可观。比如，按年利率7%来看，本金每10年就能翻一番。要是18世纪末本杰明·富兰克林照7%的利息存了1 000美元的话，而今它已经变成了30 000多亿美元的巨款。1945年存的1 000美元，今天也值64 000多美元。

考虑到复利的神奇魔力，就算投资回报率微不足道，把钱存下来也象征着一个非同寻常的机会。可美国人基本上把它白白浪费了。美国一直低于国际标准的储蓄率，近十多年来出现急剧下跌。

将近1/5的美国人净资产是0或负数。更让人困扰的是，为了保持信用卡账目平衡而支付1 800美元以上的年息，已经成了许多家庭的常例。于是，复利的巨大魔力反过来落在了这些家庭的身上。

储蓄不足，不仅意味着很多人在退休后要降低生活标准，还威胁到了国家的经济繁荣。由于自身储蓄不足以维持国内投资，美国只好每年向外国举债6 000多亿美元。

如今，激增的外债几乎占了国民总产值的1/4，它不仅削弱了美元的地位，还可能造成许多更为严重的损害。

为什么美国人存钱这么少呢？缺乏自律精神是原因之一。可倘若这是唯一的问题，解决办法很简单：把每年收入增长的一部分存成定期，碰到引诱的时候怎么也取不出来。

但储蓄不足还有第二重成因，上述办法解决不了。以下假想实验能帮我们了解大概情况：

如果你的收入在社会上处于中间水平，你会选择图10-1中的哪种做法？

感谢复利，存钱多的人到了退休的时候待遇更好，有更多的钱可用。这里举个例子。两个人年收入相同，均为50 000美元，都工作了45年，没有其他费用要付。但一个人大手大脚地花钱，另一个精打细算地存钱。让我们比较一下两者的总消费额。

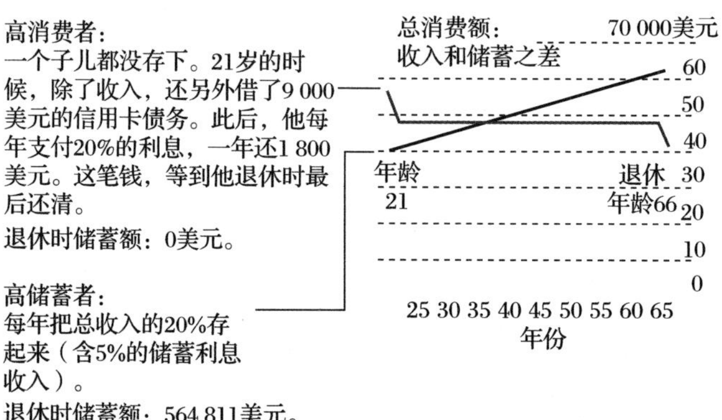


**图 10-1　省钱高手与高消费者**

1. 你存的钱足够退休后维持舒适的生活标准，但你孩子上的学校不怎么样，那儿的学生在 SAT 中的阅读和数学分数排全美倒数的20%。

2. 你存的钱很少，不足以在退休后维持舒适的生活标准，但你孩子上的学校还不错，那儿的学生在 SAT 中的阅读和数学分数达到了全美平均水准。

这显然不是一道令人愉快的选择题，但大多数人说他们会选第二种做法。

由于“好”学校是个相对概念，上述假想实验抓住了大多数家庭在进行储蓄抉择时面临的一个关键因素。如果其他人购买较好学区的房子，你不这么做恐怕会叫孩子分到差学区去。然而，不管单个家庭出多少钱，总有半数的孩子只能到较差的那一半学校就读。

故此，储蓄决策在本质上类似军备竞争中的集体行动问题。每个国家都知道，要是人人都在军备上少花点钱，情况会更好。削弱军备竞赛需要各国达成可执行的协议。同理，除非所有家庭都能自我约束提高储蓄，否则，现在贸然这么做的家庭有可能被迫把孩子送到差学校就读。

其他国家的民众同样面对着诱惑和集体行动问题。为什么他们存钱比美国人多呢？有一种解释说，这是因为跟其他地方相比，美国的收入差距加速拉大，使得两个问题都越发严重。

倘若所有家庭都同意把年收入增长的一部分存起来，储蓄不足的两大源头就解决了。我们还可以做进一步的具体约定，比如达到目标储蓄率之后（比如收入的 12%），再把收入增长的 1/3 转为储蓄。倘若家庭某一年的收入并未增加，则可以免于执行此约定。

这种约定能为退休存款带来复利的魔法，而这一点好处，是现行社会保障体系完全忽略的。目前，工人通过工资税缴纳的大部分钱，等几十年退休后是没有利息拿的。相反，它直接支付给了目前的退休人员，后者靠它吃饭、付房租。采用这种即付即用制度，主要是因为它最初建立于大萧条年代，那时根本没钱设计资金充裕的制度。

好消息是，如今美国人有着足够的财富维持这一制度。有人赞扬小布什总统社会保障体系私有化的提案，说此举将创造一个资金充裕的退休储蓄项目。没谱的事儿。根据他的提案，从现行制度过渡到私人账户要靠借钱来筹措资金。这样一来，私人账户赚到的利息就被还贷款要支付的利息抵消了，整套制度无非原地踏步而已。

不少人可能会反对说，要求家家把年收入增长的一部分存起来，侵犯了个人自由。可正是因为如今没有这样的要求，大多数美国家庭才不能如愿以偿地存下钱来。正如各国发现了签订裁军条约的优势所在一样，用强制储蓄的方式限制各家庭参与争夺顶尖学区住宅的自由，对所有人都有好处。

不管怎么说，缺少储蓄会给我们招来失去自由的风险。美国现在迅速增长的外债威胁到了经济的繁荣，而经济的繁荣，恰好又是人民最珍视的自由赖以维系的重要基础。

虽说要为 2008 年金融危机负责的人有数万之多，可有些人值得我们特别注意。首当其冲的是前共和党参议员菲尔·格兰姆（Phil Gramm），他长期主张取消金融行业的管制。2000 年 12 月，格兰姆在参议院的一道法令里插入了一条紧急规定，解除了对新生金融衍生债券的管制。而正是这种衍生产品，在之后爆发的金融风暴中扮演了主要角色。其次是美联储前主席艾伦·格林斯潘，他坚持金融行业无须联邦监管，也能稳妥地控制风险。2008 年 10 月 22 日，在众议院监管和政府改革委员会（House Committee on Oversight and Government Reform）的质疑下，格林斯潘先生困窘地承认："以为靠信贷机构的私利就能保护股东权益的人们，其中也包括我，都陷入了震惊和怀疑。"

我认为，格兰姆和格林斯潘可能跟许多其他传统经济学家一样，不加批判地接受了亚当·斯密的看不见的手理论。倘若他们多关心一下行为经济学革命，很多悲剧原本是可以避免的。

## 是华尔街引发了金融危机吗

长久以来，金融市场一直饱受引发当前经济危机的资产泡沫折磨。但和墨西哥湾刮来的飓风一样，这类灾难的出现频率一路走高。要想做好预防工作，我们必须首先了解它们的成因。

参议员约翰·麦凯恩将本次危机归咎于"华尔街太贪婪"，但问题并非如此简单。此话出自麦凯恩先生显得挺奇怪，因为长久以来他都支持取消对金融市场的管制。更何况，它显然违背了自由市场经济热心拥护者们最珍视的一条信念：无拘无束地追求私利能带动共同利益。诚如亚当·斯密在《国富论》中所写的："我们的晚餐不是出自屠户、啤酒商或面包师的恩惠，而是出于他们自利的打算。"

所有的市场结果，无论好坏，都潜藏着贪婪。一旦重要的条件得以满足，贪婪不仅不会威胁到"看不见的手"，反而会成为其中的关键部分。造就当前危机的幕后因素，实际上反映了一种所有竞争性活动都深受其折磨的强大力场。在体育界尤其看得清楚。

以田径赛选手决定是否服用类固醇为例。选手的奖金跟他跑步的绝对速度无关，而是看他跟其他人比较起来能跑多快。假设有一种新药能使选手在百米冲刺中的成绩提高 0.3 秒。这种药物检测不出来，但可能会给服用者造成严重的健康问题。在高额奖金的诱惑下，许多选手都会服用此药，这样一来，不服药的选手根本不可能胜出。服药的净效应是提高了所有运动员的健康风险，而对社会没有任何真正的好处。

一旦满足两个条件，这种特殊的市场故障就会出现：

- 第一，人们面对的博弈是这样：有很大的概率能赚一小笔，但也有很小的机会狠亏一笔；
- 第二，市场参与者所得的奖励主要取决于相对绩效。

在很多领域，上述条件都会使看不见的手失效。比如，倘若住房市场不受管制，总会有太多住宅修在冲积平原或者地震带上。类似地，倘若劳动力市场不受管制，工人一般会面临更大的健康和安全风险。

金融市场不受管制也并无两样，宽松的贷款条件必然会造成资产泡沫。跟体育界一样，问题出在投资基金的成功与否很少取决于绝对回报率的高低，而取决于该回报率跟竞争对手们相比如何。

如果一家基金公布的收入高于其他人，资金会立刻流向它。又因为经理的收入主要取决于该基金托管了多少钱，所以他们随时都想要标示相对较高的回报。

提高基金回报率的方法之一是投资风险较大的资产（这类投资的回报一般较高，主要是因为，若非如此，抗拒风险的投资人根本不愿意持有它们）。本次危机发生之前，一旦部分基金经理开始提供高回报的按揭债券，其他人也会竞相仿效，要不客户就会流失。

上一轮高科技泡沫时，巴菲特就曾提醒众人当心一种类似的现象。巴菲特说，他不会投资技术股，因为他不了解相关的业务模型。投资者知道他很有头脑，但当时技术股一路高涨，而巴菲特的伯克希尔-哈撒韦基金业绩相对较差，许多人都忍不住把钱转移到了别家基金。巴菲特凭借足够的个人和金融资源承受住了该次风暴的考验。但大多数基金经理没扛过去，技术泡沫继续泛滥。

类似的角力造就了当前的问题。新型按揭债券之于投资者，乃是强心剂，诚如类固醇之于运动员。许多基金经理都知道这种债券风险大。然而，他们也知道，只要房价不断上涨，集中于高风险资产的投资组合能带来更高的回报，自然也就能吸引来更多的投资者。更重要的是，基金经理们以为，就算出了什么乱子，人多就安全。

格兰姆以及其他主张取消金融行业管制的人坚持认为，市场力量能为过高的风险提供充足的保障。贷款人显然不愿意放出收不回的借款，借款人也有明显的动机选择还款条件宽松的贷款。又因为人人都知道金融市场竞争激烈，格兰姆那看不见的手理论的符咒很是说服了不少其他立法者。

然而，倘若奖励主要以相对绩效为基础，看不见的手就会失效。看着其他似乎并不比自己聪明的人赚到了超高的回报，大部分投资者是没办法坐视不理的。出于这样的人类本性，看不见的手碰到过高的金融风险也形不成什么可靠的保护盾。

怎样摆脱当前的局面呢？

不少人呼吁提高衍生债券市场的透明度，因为现在人们对衍生债券的理解还很不充分。严厉的曝光规则固然好，可预防不了将来出现危机，就好像揭示类固醇药物的健康风险，不足以阻止运动员服用它。

唯一有效的补救办法是改变人们的动机。在体育界，这意味着严格执行禁药规则。在金融市场，只要投资者能随心所欲地提高持有量，资产泡沫就会引发真正的麻烦。为避免此类泡沫，我们必须限制人们以贷款投资债券的额度。

有史以来，人类社会一直想方设法限制放贷人的借款利息。以传统经济学模型视之，这种限制显得颇为奇怪。既然放贷人愿意按某种条件把钱借出去，贷款人又愿意接受这些条件，政府为什么要禁止他们交易，搞得双方都不好过呢？

针对这一问题，行为经济学研究揭示出了一种说得通的答案。下面我会解释，为什么许多人并不擅长做出事关延迟后果的决策——当然，看不见的手理论的铁杆支持者们并不以为然。

## 应该对发薪日贷款加以限制吗

狮子一夺下王位，最先要做的便是扑杀狮群里所有跟自己没有血缘关系的幼狮。这是坏事吗？

生物学家们早就意识到，这是个没什么意义的问题。在狮子进化的残酷竞争环境中，雄性狮王的做法为自然选择所支持，因为这能让母狮更快进入发情期，加速狮王基因进入下一代的进程。在人类看来，狮王的行为很残忍，也恶化了整个狮群的生活。可根据达尔文理论，这不过是个既存事实，无关好坏。总而言之，这类判断不具有任何实际意义，因为光凭道德义愤阻止不了狮王杀幼兽。

与此形成对比的是，倘若有人折磨社会中的弱势者，其他人立刻会对其加以声讨。更重要的是，这种谴责很多时候很管用。几乎所有人类活动背后都隐藏着自愿联合起来的复杂网络，哪怕是最强有力的个人和组织，也会因为其他人的恶意选择受到威胁。

但道德义愤的供给是有限的。为使之发挥最大效用，它必须省着用。找出哪些人该为糟糕的结果负责，是最首要的一步。这事看似容易，做起来难。要是你在这一步找错了对象，那些在环境因素影响下做出必然行为的人或群体就要背黑锅了，就跟狮王一样。但与其把道德义愤朝这些表面上做坏事的人倾泻，还不如去找那些制定规章法律的人。

举个相关的例子。按极高的利率借钱给穷苦人的贷款机构，往往遭到社会的一致声讨。而所谓“发薪日贷款人”，最近更是被骂得狗血淋头。

这个行业在 20 世纪 90 年代初还根本不存在，但现在美国有 10 000 多家机构，在某些州，它们比麦当劳或汉堡王的分店还多。全行业的总收入，1998 年不到 10 亿美元，2007 年已飙升到 280 亿美元。

发薪日贷款主要集中在低收入街区，主要提供几百美元的小额短期借款。借款人只需签一张延期兑现的个人支票就能借到钱。一笔为期两周的贷款，利息大多超过 20%（每借 100 美元多还 20 多美元），换算成年息的话是 500% 还多。

偶尔按这样的条件借钱说得过去，因为它规避了传统银行贷款所需的繁琐手续。可一旦发薪日贷款的利息滚动起来，不少借款人很快就会陷入财务麻烦。据可靠贷款中心（Center for Responsible Lending）最近的研究，典型的发薪日贷款人每借 325 美元最终要归还 793 美元。

社会谴责发薪日放贷人残忍无情，吃人不吐骨头，他们贪得无厌，把无助的借款人带进了财务困境。毫无疑问，发薪日贷款的蔓延破坏了许多家庭，又因为许多放贷人很清楚这一点，道德义愤指向他们也就可以理解了。

这甚至产生了一些作用。例如，经济研究指出，执行道德上不招人喜欢的任务，员工会索取额外薪资。故此，社会对发薪日贷款人的谴责，提高了这些机构的聘用成本，有可能限制它们的发展。但考虑到人们对便捷贷款的好胃口，这种抑制作用的效果相当有限。

真正关心消费者借贷文化的人有必要意识到，与其说它源自放贷机构的贪欲，倒不如说它来自近来日渐宽容的借贷法。早在《圣经》出现的年代，社会就开始对放贷者提出的借款条件加以限制。可在最近十多年金融行业的解禁潮流下，许多限制措施都遭到了废除。自由贷款或许可以推动大量互惠交易，但不利的后果也显而易见。

问题出在这儿：很多人都难于权衡当下的利益和将来的成本。碰到有便利的贷款可借，总有人会借钱太多，无力偿还。等他们陷进去以后，只好继续借——只要法律允许。故此，倘若碰到便利的贷款，社会上数百万经济最脆弱的人肯定会把自己借到破产，这是毫无疑问的。要是我们感觉情况不对头，唯一的办法就是改变规则。

便利贷款的成本是否超过收益，每个社会都必须做出判断。其中牵扯到的权衡跟我们在判断是否进行药品管制时类似。举个例子。酒精饮料会给一小部分人造成相当大的损害，但禁酒非但解决不了问题，还造成了更严重的犯罪。禁止可卡因和海洛因同样存在麻烦的副作用。即便如此，出于对毒品受害者的关心，大多数社会仍然选择了取缔毒品。

有证据显示，较之酒精，便利信贷更像是可卡因和海洛因。这一证据促使国会做出规定：提供给军事人员的发薪日贷款，年息上限是36%。在纽约和其他10个州，类似的限制也适用于普通公众，从而有效地限制了发薪日贷款。

觉得发薪日贷款是件坏事的人，倾向于冲着它造成的苦难发泄怒火。但对发薪日放贷机构冒火，预防不了这些苦难，正如对着狮王发火，阻止不了它扑杀幼兽。那些为了从放贷机构交换选举献金而支持宽松信贷法的议员们，还有那些总是反对选举资金改革的议员们，才是更合适的靶子。

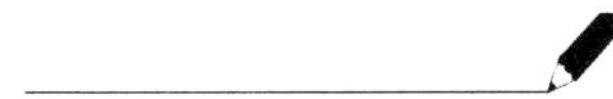

2008 年信贷危机的爆发，使得许多家庭难以继续偿付抵押贷款。围绕政府该为这类家庭提供何种程度的帮助，人们展开了激烈的争论。想要帮助这类家庭，一方面是出于同情，另一方面也是冷血的经济逻辑在起作用：丧失赎回权的家庭越多，意味着银行拍卖的房子也越多，由此造成房价不断下跌，金融危机进一步恶化。但另一些人站在道德的立场反对施以援手，他们担心，倘若人们指望政府救助那些贷款时不量力而行的家庭，将来就会有更多的人不负责任地贷款。

我承认两种考量都有合理性。但我认为，信贷危机并不该怪罪于借款人，而是该归咎于金融制度的调整。正是因为制度的变化，一些本来不符合贷款条件的人也顺利贷到了款。

## 借钱太多的人该受惩罚吗

经过十多年的大幅增长，美国房价在 2007 年达到顶峰，而后迅速下跌。超过 900 万笔抵押贷款“沉在水里”，也就是说，欠款比房子的现价还多。许多家庭丧失了赎回权，市场上出现大量住房，房价面临进一步下降的压力。

国会开始考虑提供贷款担保，帮助自有房主重议违约的抵押贷款。

参议员约翰·麦凯恩最初对这一议案表示反对，他说："担保不是政府之责，我们不能奖励那些做事不负责任的人，不管是大银行，还是升斗小民。"

很多人赞同麦凯恩的看法。对于伪造收入或者想靠炒公寓房发财的借款人，国会显然不应施以援手，可这种人充其量是引发本次危机的一个小小因素。立法者放宽贷款条件，引发了住房泡沫，他们才是罪魁祸首。

事情的来龙去脉，我们可以在 2003 年出版的《双收入陷阱》(*The Two-Income Trap*) 中找出点眉目。作者伊丽莎白·沃伦 (Elizabeth Warren) 和阿米莉娅·沃伦·泰亚吉 (Amelia Warren Tyagi) 提出了一个有趣的问题：20 世纪五六十年代，每户家庭只有一个人在外工作，可那时候的人们似乎能轻松偿还债务；到了今天，双收入家庭成了常态，可还贷成了天大的难事。这是为什么呢？两位作者暗示，有了第二份收入，较好街区的房价被越抬越高。

原因很简单。就算是在 20 世纪 50 年代，尽量把孩子送到最好的学校去，也是大多数家长的头等要务。由于近年来劳动力市场竞争越发激烈，这一目标显得尤为紧迫。毫不奇怪，双收入家庭会选择把额外收入的大部分都花在较好的教育上。又因为最好的学校总是坐落在房价最贵的街区，要做什么也就很清楚了：为了让孩子到最好的公立学校就读，你必须在力所能及的范围内，购买最贵的房子。

但适合单个家庭的做法，并不适合整个社会。问题的症结在于，"好"学校是个相对的概念：它指的是同一地区内好过其他学校的学校。倘若我们都去买较好学区的房子，最终的结果无非是抬高了该地区的房价。

和现在一样，50 年代的人们也都想在力所能及的范围内购买最佳学区的房子。可严格的信贷限制对众人的购房起到了勒缰绳的作用。贷方一般要求借方支付 20% 以上的头期款，且借款的最高额度不得超过借方年收入的 3 倍。

但自此以后的几十年，为帮助更多的家庭购买自有住房，政府本着良好的用心，大大放宽了借款条件。可惜此举最终走上了歧途。头期款要求越来越低，最近几年甚至出现了零首付。可调利率贷款和弹性尾付贷款进一步提高了家庭购买住房的能力。

倘若有哪家人不打算入不敷出地贷款，必然会陷入痛苦的两难窘境。中产阶级家庭想把孩子送到高于平均水平的学校，实在无可厚非。但倘若其他人充分利用宽松的贷款条件，当事家庭却坐视不理，必然只能把孩子送到低于平均水准的学校。就算是经济作风最保守的家庭恐怕也会不甘心地得出结论：最好的办法还是多举债。

谴责这种做法的人有着不同的着眼点。他们认为部分家庭缺乏自律，一味追求奢侈装修，理应受点教训。

然而，数百万家庭陷入财务困境，不过是因为他们理解生活是按等级曲线打分的。最好的工作偏爱重点大学的毕业生，而唯有准备最充分的学生才能进入最好的大学就读，指望家长放弃送孩子入读最佳小学和中学，无异于痴人说梦。在宽松的金融政策下，他们有能力出高价竞拍最佳学区的住宅，由此，房产泡沫不可避免地出现，数百万家庭陷入岌岌可危的财务困境。

国会不应当为投机商和恶意借贷者提供担保，但它也不应当谴责那些因为不愿把孩子送去差学校而利用现行贷款制度大幅举债的家庭。

资产市场高度有效，乃是传统经济学家最坚定的信念之一。故此出现了这么一种观点，说公司的股价反映了它的实际经济价值。最强硬的有效市场假说认为，所有跟公司当前和将来收入相关的新信息，几乎都能立刻反映在公司的股价上。例如，该假说暗示，倘若某个工作日上午10点出现了一条出人意料的新消息，说公司目前和将来的收入比先前的预期高两倍，那么几分钟之内，公司的股价就会翻一番。

有效市场假说还有其他一些偏“软”的版本，经济学家们承认乐观或悲观的思潮可能会在较长时期内影响股票价格。可就算这样的假说也坚持认为，对个别投资者来说，桌上没有免费的馅儿饼。他们说，个别投资者投不了机，我们赢不了市场。例如，尽管在悲观主义蔓延的时期，股价普遍遭到低估，个别投资者仍缺乏可行的手段，辨别市场大气候何时回暖。

接下来我将解释，为什么经济学家认为有效市场假说极具说服力。

## 为什么战胜市场是痴人说梦

有个故事这么说，两个经济学家正打算去吃午餐，看见人行道上躺着一张百元大钞。年轻的那个正想弯腰把它捡起来，年长的那个却拉住他说:“那肯定不是一张百元大钞。”

“为什么不是？”年轻的问。

“如果是的话，早就有人把它捡走了。”

当然，年长的经济学家在这件事上可能犯了个错误。可他的话包含着一条美国人越发抛诸脑后的重要真理:公共场合的便宜果子很快就会被人摘走。和过去一样，要想赚到钱，唯一的法子是靠天赋、节俭、辛勤工作外加好运。

然而，数千万美国人似乎相信，光靠把旧经济实体的股票，比如通用或宝洁公司，换成甲骨文、思科等引领纳斯达克指数的高科技股，自己就能够一夜暴富。

到目前为止，这一策略似乎像符咒一样有效。要是有人在 1992

年 1 月投资纳斯达克指数 100 000 美元，即便算上股价的短期上扬和下跌，他手里的股票如今也已价值 850 000 美元。不少牛市分析家曾认为，这一波浪潮还远未到顶。没有人怀疑，新技术创造的收益才刚刚开了个头，它将来的生产潜力不可限量。举例来说，B2B 能让许多公司减少 30% 以上的运营成本，恐怕不是夸张。

然而，电子商务企业的终极价值，并不取决于它掌握的技术有可能带来多少收益，而在于它到底赚到了多少利润。

和过去一样，率先采用新技术的公司能赚到新一轮的利润。但历史同样告诉我们，从长远来看，在竞争的推动下，这些技术将降低产品价格，造福消费者。

故此，倘若牛奶场主率先使用催奶荷尔蒙，能使牛奶增产 20% 左右，短期内他将获得暴利。但随着催奶素的推广，整个市场的牛奶产量都大大提高，从而带动牛奶价格的稳步下跌，最终侵蚀利润率。

类似的利润轨迹适用于纳斯达克上的大部分新技术企业。B2B 的确能帮制造商节省数千亿美元，可新技术公司跟牛奶场主一样，不可能跟竞争绝缘，所以省下来的钱大部分都转换成了更低的产品价格，而不是更高的利润。

有了这样的认识，经济学家早就向投资者提出过警告：不要把全部身家都压在新技术公司身上。成熟的投资经理也持有同样的看法。

然而，现实情况是，在当今的市场环境中，想让自己免于风险的投资者根本找不到安全的避风港。

自然而然地，谨慎的投资人会把重心放在旧经济股票上，这些企业的股价还没有涨到比自己的年收入高几百倍的地步。可投资这类公司又牵涉到另一种风险。如果每个月继续有数百万美国人把钱投到高科技公司上，没有买纳斯达克股票的人就将错过这个时代最大的金矿。

到目前为止，人们大多有意规避后一种风险。少数投资公司的理财经理比较谨慎，在他们设计的资产组合中，高科技股票所占比例较小，结果造成客户大批流失。对这些公司来说，继续跟高科技股对着干，等于是自寻死路。

纳斯达克指数不断大幅跳水，以及道琼斯工业指数代表的旧经济股票出现小幅反弹，似乎都预示着新一轮的洗牌拉开了序幕。真是如此吗？要是有人知道这个问题的答案，他早就在家里躺着数钱了。

但更可能出现的结果是，近年来的模式还将持续较长时间。毕竟，在漫长的准备阶段，纳斯达克曾多次下挫，每一回，投资者们都冲进来按“便宜价”抢购高科技股——他们一直就是这么干的。如果纳斯达克指数重新上涨，还会有更多投资者迫不及待地跳上船。在这样的环境下，唯一能肯定的事情是：大熊市总有一天会到来。2008 年，大熊市真的来了。

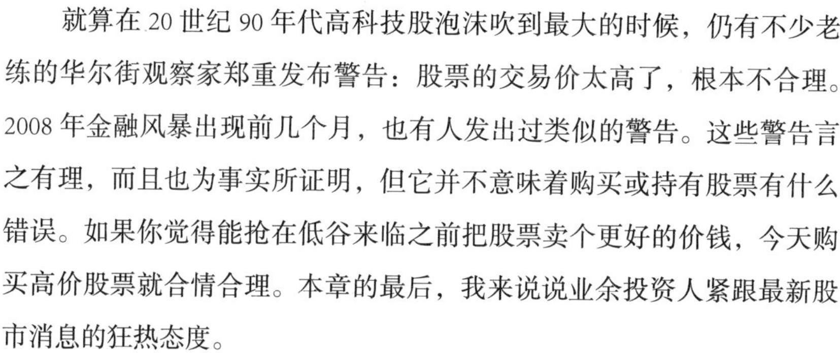

就算在 20 世纪 90 年代高科技股泡沫吹到最大的时候，仍有不少老练的华尔街观察家郑重发布警告：股票的交易价太高了，根本不合理。2008 年金融风暴出现前几个月，也有人发出过类似的警告。这些警告言之有理，而且也为事实所证明，但它并不意味着购买或持有股票有什么错误。如果你觉得能抢在低谷来临之前把股票卖个更好的价钱，今天购买高价股票就合情合理。本章的最后，我来说说业余投资人紧跟最新股市消息的狂热态度。

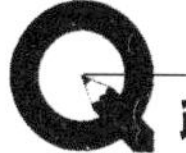

## 政府的财政数据能让你致富吗

说来有趣，迟至 20 世纪 90 年代，金融行业以外还没有什么人对预测股价真正感兴趣。我有个同事却是例外。早在网上交易出现以前，他就积极地管理着自己的投资组合。他最了不起的成就是预测到了 1987 年 10 月的股市崩盘，而且准确度几乎比所有专业人士都要高。崩盘之后几个星期，好些人都站出来说自己预见到了这一天，但我的同事可是抢在崩盘之前几个星期就抛出了自己的所有股票。在保守之风盛行的学术界，如此壮举立刻为他带来了超级明星的地位。

当然，如今说自己不是炒股高手的人可真没几个了。最近，这一现象有了新发展：举国的炒股高手们纷纷变成了经济预测师。

过去，主流媒体上的硬性经济数据都是马马虎虎：简短地播报一下利率走向，算算美元、日元的兑换率是多少。现在这些报道变得又详尽，又复杂，非把人弄糊涂不可。前几天早晨，有线电视网的一位新闻播报员绷着脸说，尽管上个季度每月的贸易赤字均出现大幅下跌，但由于出口数字中包含着一笔巨额商务飞机订单——这个消息是市场早就知道的，所以，光看贸易赤字的表现不足以说明经济好转。另一位记者对观众说，批发价格指数上涨里包含了不少水分，因为涨价的主要是价格素来多变的能源材料。

政府机构几乎天天都在发布重要数据，经济新闻频道播报它们的时候，就像奥斯卡颁奖礼那样华丽而充满悬念。几个星期前，每天播放的节目大致如下：星期一是商业库存，星期二是双倍剂量的工业生产指数和产能利用率，星期三是消费者价格指数、住房开工率和建设许可量，星期四是国际贸易。星期五，我们终于能够喘口气了。

我是经济学教授，写过好几本有关经济的书，就算是我也忍不住要问：谁在乎呢？除了工作直接与这些数字有关的人，谁会对它们感兴趣？单个投资者怎么可能从这些无穷无尽的信息洪流中了解到一星半点的情况？就算我们知道西南部现有住房的销售量 9 月预期增长 0.3%，但实际只增长了 0.25%，难道我们就该把投资组合的重心转移到西北部的企业去吗？或者抛掉建筑企业的股票？

不管我们打算怎么做，市场早就捷足先登了。经济学家在很多事情上都得不出一致看法，但我们有一点共同的认识：靠着从媒体上听来的数字做交易，在股市上是赚不了钱的。

然而，最近几个月，经济新闻的载体变得越来越多。数不尽的新网站、有线频道和电子邮件都在怂恿我们选用它们的服务。实际上，经济数据报告几乎盖过了所有其他新闻的风头。这种信息确实发挥着重要作用，只不过不是它说的那一种。

华尔街的老手们早就达成了共识：这一波繁荣的热潮迟早有个尽头。兴许某天早晨一觉醒来，我们几十亿的票面财富都将化为乌有。可随着市场继续一路凯歌，我们会越发相信自己是股神，悲观论调敌不过“崩盘也不会放倒所有人”的乐观念头。许多高科技公司一分钱都没赚到，可投资者们靠着买卖它们的股票捞了数百万。在这样的世界里，官方经济数据能给人营造出一种宽慰感。它们无助于普通投资者预测亚马逊股票还会不会涨，但它们单纯、直接、不容怀疑：这是政府发布的数据，这是国家的状况。不仅如此，数字还做出了以下激昂的承诺：要是我们密切关注数据，说不定就能赶在大崩盘前抽身而出。

倘若大崩盘真的到来，及时抽身的数字高手们还将面临第二拨挑战：他们必须判断什么时候再入市。这里，我那位抢在 1987 年股灾之前的同事的经历，足堪诸君借鉴。“我以为未来一年内股价都会下跌，”他有一回懊丧地告诉我，“于是我没有急着赶紧入市。”结果，10 月崩盘一过，股价立刻回升——事情往往如此。等这位同事 1988 年中期重新杀回股市，股价比他当年卖的时候还高了。不过，他并不幻想听了电视台播放的产能利用率报告就能干出更好的成绩。

## 天生乐观

著名哲学家伯特兰·罗素在评价人类必然向前进步的思潮时说，人类的发展，不管是曲折向前还是直线向前，没有任何一个逻辑来证明整个人类史必然是向前发展的。过去的历史只是过去，而未来只能是推测，或者是信仰。

这是人类天然的价值取向——乐观主义。研究证明，任何一个系统里面，总是会有远远超过 50% 的个体认为自己在平均水平以上。于是，只要有投资机会，人们自然会认为能取得超额的收益。

在许多方面，人类一方面是天然的乐观主义者，另一方面还是天然的选择性遗忘高手。潜意识里，我们只会选择记忆自己喜欢的内容，而不喜欢的，比如，身边的人投资亏损多少，上一次投资亏损有多么严重等，都会被迅速地遗忘掉。

伟大的投资人，其伟大不是因为有多么先进的投资技巧，恰恰相反，而是能够更好地战胜自己，战胜自己的恐惧与贪婪，战胜自己的各种潜意识的遗忘。

伟大的投资家巴菲特说，投资很简单，但是不容易。在别人贪婪的时候恐惧，在别人恐惧的时候贪婪，这是十分简单的，但是要做到这一点，并不容易。

# 11
# 完全信息假设

The Economic Naturalist's Field Guide

- 为什么候选人总是不愿披露个人信息
- 偏见会干扰正常学习吗
- 竞争能消除就业歧视吗

大部分标准经济学教材选用的模型都假设，市场参与者充分掌握着一切相关机遇和限制的信息，故此，没有人手里会有其他人不知道的内幕消息。不用说，这一假设并不是要描述任何实际的市场参与者。外界的信息实在太多，人们最多只能处理、运用其中极小的一部分。

然而，大多数时候，充分信息假设是一种合理的抽象概念。举个例子，大多数学生都会在高中毕业一两年以内上大学。他们为什么不等到四五十岁时才这么做呢？经济学家凭借充分信息模型可以做出这样的推理：因为早上大学的相关成本和收益更具优势。其间的逻辑大致如下：工资随年龄和经验上涨，意味着高中毕业后就上大学，放弃的收入最少。此外，你越早毕业，凭借高等教育享受更高收入的年限就越长。

不搞经济学的人往往对这一解释嗤之以鼻，说从没遇到过哪个人在考虑上大学时会这么想。不过，就算经济模型未能描述决策人的真正思考过程，仍然是有用的。大多数学生高中一毕业就上大学，只不过是因为社会有这样做的传统。但传统是怎么来的呢？为便于讨论，假设人人随机选择高中毕业后上大学的间隔期。由于每年都有大规模的群体做出这一选择，有关间隔多长时间效果最好的经验很快就能累积起来。集体的智慧最终出现：高中毕业后赶紧上大学能带来更有利的结果。类似“从做中学”的说法，还适用于每个人都要反复面对的决策。

标准经济模型在阐释这类决策时认为：人们的行为符合充分掌握所有相关信息后的理性做事模式。可另一些决策完全不一样。一次性决策，比如选择哪名医生、投票给哪位候选人、买哪辆二手车，都必须在信息不充分、不完整时做出。

掌握信息不够充分，跟完全摸瞎不总是一回事。美国国防部前部长唐纳德·拉姆斯菲尔德（Donald Rumsfeld）在新闻发布会上曾说过这么一句话：“世界上存在已知的已知，也就是我们明白自己已经知道的东西。也有已知的未知，即我们如今清楚自己还不知道的东西。但还有未知的未知，我们根本不清楚自己不知道的东西。”

决策者往往采用极为零散的信息，对不知道的事情加以合理推测。本章我将着重讨论的就是这种情况：人们知道自己并未掌握与决策有关的具体信息。先说 2008 年总统大选期间我提出的一个问题：倘若候选人一味隐瞒有关自己健康或财务状况的信息，我们会做出怎样的推断。

## 为什么候选人总是不愿披露个人信息

普通公民享有隐私权，不将个人财务和健康信息公之于众。反之，总统候选人理应尽量详细地公布此类信息。说是理应，因为候选人的财务状况和健康记录往往关系到选民的决定。

然而，由于这类信息大多极为隐私，不少候选人不愿意公开。比如，在 2008 年的选举中，希拉里·克林顿参议员在遭到媒体炮轰之后，才勉强透露了自己家最近的退税信息。

至于参议员约翰·麦凯恩，尽管答应要尽快公布自己最近的退税和医疗记录，但也不见行动。

这种不情愿其实违背了一条重要的经济学原理，该原理左右着潜在对手之间的沟通。这便是充分披露原则（The Full Disclosure Principle），它指出凡是其他人认为相关的个人信息，竞争对手最好将之公开，哪怕这些信息对当事人极为不利。

公蛤蟆寻找配偶时的行为，巧妙地阐释了这一原则。按照一般的情况，个头小的动物会屈服于个头大、力量大的对手。可蛤蟆昼伏夜出，很多时候没法一眼看出对手的个头。于是它们只好靠叫声——个头大的蛤蟆声音低沉雄浑，个头小的蛤蟆声音高亢。

为什么声音高亢的蛤蟆会愿意叫唤呢？这不是暴露了它们的体格吗？为什么不干脆保持沉默呢？

经济学家提出了答案：对手会把保持沉默的蛤蟆看得比实际上还弱小。想知道原因，请设想最初所有叫声高亢的蛤蟆都保持沉默。其中一只蛤蟆的个头比其他的都大，它保持沉默就暗示着自己的块头只相当于整个群体的平均水平。那么，这只蛤蟆叫就比不叫好，于是，它叫了。接下来第二大的蛤蟆也作如是想，它也叫了。依此类推，最后只留下最小的蛤蟆不叫。

故此，充分披露原则指明了，为什么有时候人会透露不利于自己的信息。保持沉默恐怕会让旁观者得出更不乐观的推论。然而，有关总统候选人退税和医疗揭露的事例告诉我们，以为人们会自愿透露此类信息的想法显然不大靠谱。

为什么呢？至少，希拉里参议员隐瞒退税数据似乎并不是因为其中包含了什么不利的信息。

此事发生后，评论员很快指出，希拉里参议员的家庭退税情况透露出，自克林顿离开白宫后，夫妇俩的收入是个天文数字：1.09 亿美元。不过，这显然并不是什么不光彩的事情。

在财务数据曝光潮中，奥巴马率先公布了个人退税数据。根据这些数字，可看出他近年来的收入同样出现了大幅上涨。这不足为奇，不过有些评论员说，奥巴马的慈善捐赠占收入的比例实在太小。

要是参议员麦凯恩最终公布了自己的退税数据和 2000 年以后的就诊记录，媒体同样会对之详加分析，但我估计其中也没有什么能让人大吃一惊的内容。

然而，希拉里和麦凯恩参议员宁愿忍受多方批评也不肯迅速提供个人信息，显然是因为他们有意识地想让选民设想最糟糕的情形。

从日常生活中的场景着眼，充分披露原则失效的原因显而易见。按照它的逻辑，这个世界上绝对不会有人说，“别进来，我的房间乱得吓人”（因为这句话会让对方得出推论：你的房间乱得匪夷所思），可实际上，人们随时都会这样形容自己的公寓。

理论与实际情况的脱节，是因为逻辑推论和亲身体验是两回事。你固然可以从逻辑上断定某人的房间很乱，但它跟真正闻到厨房的垃圾传出臭味完全不是一回事。如果是后一种情况，你最好还是把朋友关在门外，随他们怎么想好了。

政客们不愿披露个人信息，或许也是出于类似的考虑。有时候，把不愉快的细节留待他人想象，似乎是最好的做法。

不过，充分披露原则仍为分析候选人的行为提供了部分有益的洞见——但它有个限度。比如，纽约州长艾略特·施皮策（Eliot Spitze）嫖妓丑闻曝光引咎辞职后，新上任的州长大卫·帕特森（David A.Paterson）立刻透露了一些在不少选民看来不大光彩的个人信息。有了充分披露原则，你便能明白他这么做的原因。但用它的逻辑解释不了，为什么许多政客就是不愿意透露一些看似基本的个人财务和医疗信息。

事情其实很简单：不公布退税和医疗记录，所有的问题就只存在于想象之中。而对于想象出来的问题，哪怕是大问题，记者也很难下笔。一旦公布这些数据，哪怕数据里只存在一些微不足道的小问题，记者们也可以大做文章。

自愿透露有着明显的局限性。又因为选民要求身居高位的候选人提供健康和财务信息合法合理，有必要奉行严谨的曝光规定。不过，对这类主题，政客们不约而同地保持沉默。

近年来，行为经济学家得到了神经学家的帮助，携手揭示人类大脑如何处理经济决策相关信息的奥秘。2005 年，我有幸和纽约大学的两位著名神经学家合作，研究他人感知会对我们处理信息造成怎样的影响。

## 偏见会干扰正常学习吗

实验人员交给你 100 美元，你可以把它留着，也可以将之退还。如果你选择后者，他会给陌生人 300 美元。这个人既可以选择把钱全留着，也可以选择分给你一半，自己留一半。

退还 100 美元是场赌博。要是陌生人愿意分享，你得到的钱会比先前多 50 美元。但要是他不分享，你什么也得不到。你会怎么做呢?

以上实验叫作“信任游戏”。纽约大学神经学家伊丽莎白·菲尔普斯（Elizabeth Phelps）、毛里齐奥·德尔加多（Mauricio Delgado）和我新近利用它做了一次研究，探讨有关潜在对手的信息会对我们评价信任环境造成什么样的影响。

我们告诉参与者，他们将和三名虚构伙伴一起玩这个游戏。这三名伙伴的性格，分别是值得称道、不好不坏和道德可疑。为了让性格描述鲜明得能触发信任决策中蕴含的情绪，我们预先做了假报纸，附有相关人物的新闻报道。比如，以下这篇文章假装出自《艾奥瓦公民报》，描述了当事人的良好性格。

**本地英雄**

2 月 20 日晚，罗得岛西瓦维克演唱会酒吧发生大火，98 人在火中丧生。曾住在艾奥瓦州的居民克里斯托弗·汤普森恰好在场。当天，他到普罗维登斯拜访亲戚，并与高中同学汤姆·贝多及其妻苏珊到酒吧小坐。

火灾发生时，汤普森坐在靠近出口的位置上。而贝多夫妇则跟一大群观众挤在舞台旁边，重金属乐队“Great White”刚刚开始演出。

汤普森帮助好几个人跑出了火灾现场，之后又再度冲进酒吧，想找到贝多夫妇。他没看见汤姆，但很快发现了昏倒在地的苏珊。他刚刚把苏珊拖到安全的地方，大楼就烧垮了。汤普森的脖子、左臂和手掌三度烧伤。

2 月 27 日，汤普森从普罗维登斯医院出院。

坏人的报道讲述了当事人偷窃失事的“哥伦比亚”号航天飞机的釉面，放到 eBay 上拍卖，结果被捕。不好不坏的人物报道则讲述某班飞机起飞后不久坠毁，当事人因为迟到而幸免于难。

我们事先告诉实验的参与者，他们的伙伴是虚构的，电脑做出的反应可能不符合其性格描述。实际上，按照事先设计的程序，三名虚拟伙伴都有一半的回合会跟受试者分享 300 美元。

尽管有警告在先，实验参与者们主动把钱转给好伙伴的次数还是多得多。但跟每一类型的伙伴做过数次尝试后，参与者们都正确地做出了判断：不同类型的伙伴选择分享的概率相同。然而，值得注意的是，他们还是更信任好伙伴。

在了解伙伴是否分享的过程中，我们用核磁共振成像技术记录参与者大脑尾状核区域的活动情况。该区域与摸索学习中的奖励处理有关。只有在跟不好不坏的伙伴接触时，受试者的尾状核区域才呈现出传统响应模式。而在与另外两类伙伴接触时，该区域的活动不明显，甚至彻底没有活动迹象。故此，伙伴是好是坏的前摄印象似乎会打乱正常的学习机制。

民间智慧强调第一印象牢固持久，经济学模型则预测一旦获取交换对象的相关新信息，当事者的观点就会随之更新。我们的研究结论支持民间智慧的立场。有了先入为主的偏颇印象，我们的基础学习机制将无法像经济学家想象中那样运作。

以貌取人乃人之常情，所以很多商人爱把自己打扮成值得信赖的样子，好从客户身上多榨油水。笑星格劳乔·马克斯（Groucho Marx）就说过："生活的奥秘无非是诚实和公平交易。如果你能装足样子，那就成了。"

但这种做法也有风险。倘若自称值得信赖的人并无事实依托，总有一天会被剥掉假面具，招惹更多关注。随之而来的负面印象会和最初的积极印象一样深刻持久。

一旦客户发觉挨了宰，他们往往会付出可观的成本惩罚冒犯者。神经学家多米尼克·德·奎瓦（Dominique de Quervain）和几名同事在实验中证明了这一点，他们调整了信任游戏，新加入了惩罚选项：倘若虚拟伙伴拒不分享，则受试者可以出钱对其施以经济惩处。不少人都抓住了这个机会。大脑扫描显示，"复仇"给受试者带来了愉悦感。

底线：名声的持久性是把双刃剑。他人对你的良好印象是一笔宝贵的财富，一旦失去就很难重新找回。或许，要想表现出值得信赖的样子，最保险的做法就是做个真正值得信赖的人。

许多聘用决策都只能靠着零散信息做出。新职位需要什么样的技能，雇主往往也拿不准。就算是要求明确具体的老岗位，他们也难以收集可靠的信息，判断求职者是否掌握相关的技能。光看简历和推荐信，无从说明求职者的实际绩效如何。而从求职者的角度来看，他们一般说不清什么样的岗位真正需要自己。

更麻烦的是，对特定群体的偏见有可能扭曲我们的感知，使求职者和岗位无法实现最佳匹配。传统经济学家一直认为，竞争有助于限制雇主的人种和性别歧视。下面我将介绍这一论点，并在总统选举和职业体育这两个领域对其加以检验。

## 竞争能消除就业歧视吗

奥巴马在西宾夕法尼亚州进行竞选宣传时，有人问他种族偏见是否会影响他的选举。“就我所见，这里的人不在乎你是什么肤色，”奥巴马先生对匹兹堡的一位电视记者说，“他们只想弄清楚，到底谁才能给美国人民兑现承诺。这就好像在匹兹堡钢人队打橄榄球，谁也不在乎你是什么肤色，只关心你打得够不够好。”

奥巴马先生并未直接引用米尔顿·弗里德曼的说辞，但无疑暗中肯定了这位已故诺贝尔奖得主的主张：竞争市场必定能消除就业歧视。奥巴马青年时代到芝加哥大学就读之前，弗里德曼曾在那儿执教。1962 年，他在《资本主义与自由》一书中强烈鼓吹了这一立场。

弗里德曼的论点建立在以下观察之上：倘若企业主不聘用最合格的求职者，必定会付出代价。他承认，要是歧视不招致恶性后果，有些企业主恐怕不肯摘掉有色眼镜。但在自由市场里搞歧视，总伴随着极高的成本。要是企业主聘用比黑人求职者能力较低的白人求职者，企业的利润会因之受损。弗里德曼认为，大多数企业主将得出结论：歧视做法得不偿失（当然，弗里德曼不曾对竞争能消除因为出身贫困、基础教育差造成的劣势抱有幻想）。

竞争能消除雇主歧视的概念很有说服力，可实地调查却发现，劳动市场仍普遍存在此类偏见。例如，2004 年芝加哥大学玛丽安娜·贝特朗（Marianne Bertrand）和哈佛大学的森德希尔·穆拉伊纳丹（Sendhil Mullainathan）在《美国经济评论》上发表的论文指出，名叫莱肯莎或贾玛尔[①]的求职者获得面试的概率较低，名叫艾米丽或格雷格的求职者获得面试的概率却很高，哪怕前后两者的书面资历完全一样。两位经济学家根据波士顿和芝加哥当地报纸上的招聘广告，用这两组名字寄出虚构的简历和求职信。有着白人名字的求职者更容易获得面试邀请。

倘若劳动力市场的所有参与者，尤其是雇主（他们需要精确地衡量求职者的能力，以便估计歧视的成本到底有多大），都掌握着充足的信息，那么许多经济学家都承认米尔顿·弗里德曼的观点站得住脚。但在现实当中，雇主做出聘用决策的时间很紧，无从掌握求职者的所有相关信息。2005 年，贝特朗、穆拉伊纳丹与纽约大学管理教授多莉·楚弗（Dolly Chugh）联名发表论文，指出在当前环境下，劳动力市场的歧视有可能长久存在——尽管招聘决策者们并非有意歧视。

不管怎么说，劳动力市场的条件越接近教科书说的那种信息充分的理性竞争状态，弗里德曼的观点就越具有说服力。所以，奥巴马所

① 均为少数族裔常用名。——译者注

举的匹兹堡钢人队之例，非常契合自己的论点。职业体育市场或许并不符合教科书描述的理想状态，但至少跟其他劳动力市场一样竞争激烈，候选人的数据又极为充分。

举例来说，球队会出高价聘请星探，星探则花数千个小时收集球员的详尽数据，判断该把谁招致麾下。输赢记录为成功提供了一套准绳。球队会花大价钱挽留过去成绩出众的球员，可要是球员稍有闪失，又很快会被开除。简而言之，在职业体育市场上，人的肤色无关紧要。两相对比，总统的职业市场（多名候选人不停地搞选举活动，为选举日累积选票）或许是挑选领袖的最佳方法，但诚如我所解释的，它跟教科书里说的充分竞争就业市场毫无雷同之处。

然而，2008 年的情况很特殊，各种条件汇聚在一起，形成了一种不同以往的大氛围，使得它朝着充分竞争市场大大靠近了一步。由于国家陷入了自大萧条时期以来最严重的经济困境，选民们不得不想到，当选总统的个人素质将极大地影响到自身福祉。而且，这次选举开始得较早，选民们早已通过互联网和传统媒体了解到了大量有关候选人立场和成就的信息。

在典型的竞选活动中，候选人一般是照本宣科，不少选民都分不出他们的特色。可 2008 年的形势叵测，候选人被迫当着公众的面在现场随机应变。除了自己感受到的印象，选民必然还会受到一些值得信任的公众人物，如沃伦·巴菲特、保罗·沃尔克和科林·鲍威尔等人的影响，而这些人异口同声地告诉大家：奥巴马是最佳人选。

这样一来，2008 年的选举就更侧重于挑选出“会踢球”的候选人。故此，就算是怀有强烈偏见的选民也不免会暗中掂量代价。要是赌注小一点，人种肯定会变成一个大问题。

即便如此，奥巴马的当选无疑意味着此后人种的重要性将一步步消减。职业体育世界的发展历程，也暗示了这一点。

1947 年，布鲁克林道奇队的老总布兰奇·瑞基（Branch Rickey）

把杰基·罗宾森（Jackie Robinson）招进队里之前，职业棒球联盟根本没有黑人选手。罗宾森为道奇队打了 10 年比赛，在此期间，球队在世界巡回赛中 6 次夺冠，他本人也 6 次入选全明星队。离开球队那年，他在首轮投票中就顺利进入棒球名人堂。罗宾森加入大联盟后不久，所有人都看清了局势：因为搞肤色歧视而没招揽到最佳球员，比赛中肯定会吃大亏。

曙松点评

## 奇妙的信息

世界上存在已知的已知，也就是我们了解自己已经知道的东西。也有已知的未知，即我们如今清楚自己还不知道的东西。但还有未知的未知，我们根本不清楚自己不知道的东西。信息是个奇妙的东西。民族口口相传的历史、第一印象、有色皮肤，这些看似零散的词语背后都体现着重要的信息。现代营销学中所谓印象管理，其本质也在于这个世界充满了已知的未知，所以要呈现给对方已知的已知内容，尽可能符合自己希望的他们合理推测的已知的未知内容。

人们无法阻挡别人凭借对他们已知的已知推测他们已知的未知，但是正如弗兰克所指出的，对于那些确实有负面消息的人，即使别人做最坏的推测，也比真实的负面信息被公示好。

当然，如果是在高度完善的市场里，这一问题就会变得比较简单。最明显的例子就是非裔在 NBA（美国男子职业篮球联赛）和欧洲五大联赛（足球）取得的巨大成功。一方面，非裔在这些运动项目里优势明显；另一方面，也是更为关键的，这些市场足够完善。对市场准入的限制非常少，基本上是靠球技决定身价的。

信息经济学很好地解释了现实生活中的种种问题，当我们找到问题症结的同时，也就明白了前进的方向。

# 未来，属于终身学习者

我这辈子遇到的聪明人（来自各行各业的聪明人）没有不每天阅读的——没有，一个都没有。巴菲特读书之多，我读书之多，可能会让你感到吃惊。孩子们都笑话我。他们觉得我是一本长了两条腿的书。

——查理·芒格

互联网改变了信息连接的方式；指数型技术在迅速颠覆着现有的商业世界；人工智能已经开始抢占人类的工作岗位……

未来，到底需要什么样的人才？

改变命运唯一的策略是你要变成终身学习者。未来世界将不再需要单一的技能型人才，而是需要具备完善的知识结构、极强逻辑思考力和高感知力的复合型人才。优秀的人往往通过阅读建立足够强大的抽象思维能力，获得异于众人的思考和整合能力。未来，将属于终身学习者！而阅读必定和终身学习形影不离。

很多人读书，追求的是干货，寻求的是立刻行之有效的解决方案。其实这是一种留在舒适区的阅读方法。在这个充满不确定性的年代，答案不会简单地出现在书里，因为生活根本就没有标准确切的答案，你也不能期望过去的经验能解决未来的问题。

而真正的阅读，应该在书中与智者同行思考，借他们的视角看到世界的多元性，提出比答案更重要的好问题，在不确定的时代中领先起跑。

## 湛庐阅读 App：与最聪明的人共同进化

有人常常把成本支出的焦点放在书价上，把读完一本书当作阅读的终结。其实不然。

---

时间是读者付出的最大阅读成本

怎么读是读者面临的最大阅读障碍

“读书破万卷”不仅仅在“万”，更重要的是在“破”！

---

现在，我们构建了全新的“湛庐阅读”App。它将成为你“破万卷”的新居所。在这里：

- 不用考虑读什么，你可以便捷找到纸书、电子书、有声书和各种声音产品；
- 你可以学会怎么读，你将发现集泛读、通读、精读于一体的阅读解决方案；
- 你会与作者、译者、专家、推荐人和阅读教练相遇，他们是优质思想的发源地；
- 你会与优秀的读者和终身学习者为伍，他们对阅读和学习有着持久的热情和源源不绝的内驱力。

CHEERS

# 本书阅读资料包

## 给你便捷、高效、全面的阅读体验

## 本书参考资料

湛庐独家策划

- ✔ 参考文献
  为了环保、节约纸张，部分图书的参考文献以电子版方式提供
- ✔ 主题书单
  编辑精心推荐的延伸阅读书单，助你开启主题式阅读
- ✔ 图片资料
  提供部分图片的高清彩色原版大图，方便保存和分享

## 相关阅读服务

终身学习者必备

- ✔ 电子书
  便捷、高效，方便检索，易于携带，随时更新
- ✔ 有声书
  保护视力，随时随地，有温度、有情感地听本书
- ✔ 精读班
  2~4周，最懂这本书的人带你读完、读懂、读透这本好书
- ✔ 课　程
  课程权威专家给你开书单，带你快速浏览一个领域的知识概貌
- ✔ 讲　书
  30分钟，大咖给你讲本书，让你挑书不费劲

**湛庐编辑为你独家呈现**
**助你更好获得书里和书外的思想和智慧，请扫码查收！**

（阅读资料包的内容因书而异，最终以湛庐阅读App页面为准）

**图书在版编目（CIP）数据**

牛奶可乐经济学 3/（美）罗伯特·弗兰克著；闾佳译．—北京：北京联合出版公司，2017.3（2023.12重印）

ISBN 978-7-5502-9771-5

Ⅰ．①牛… Ⅱ．①罗… ②闾… Ⅲ．①经济学 - 通俗读物 Ⅳ．① F0-49

中国版本图书馆 CIP 数据核字（2017）第 023932 号

著作权合同登记号

图字：01-2016-9845

**上架指导：通俗经济学 / 管理 / 生活**



**牛奶可乐经济学 3**

作　　者：[ 美 ] 罗伯特·弗兰克

译　　者：闾　佳

选题策划：湛庐文化 Cheers Publishing

责任编辑：丰雪飞

封面设计：湛庐文化 Cheers Publishing　沈丽君

版式设计：湛庐文化 Cheers Publishing　杨静玉

---

北京联合出版公司出版

（北京市西城区德外大街 83 号楼 9 层　100088）

石家庄继文印刷有限公司印刷　新华书店经销

字数 202 千字　710 毫米 ×965 毫米　1/16　16 印张　3 插页

2017 年 3 月第 1 版　2023 年 12 月第 21 次印刷

ISBN 978-7-5502-9771-5

定价：49.90 元

---